复杂产品研发项目运行过程建模、仿真与优化

Modeling, Simulation, and Optimization of the Operational Process of Complex Product Development Project

张西林◎著

ZHEJIANG UNIVERSITY PRESS
浙江大学出版社
·杭州·

图书在版编目（CIP）数据

复杂产品研发项目运行过程建模、仿真与优化 / 张
西林著. -- 杭州：浙江大学出版社，2025.1. -- ISBN
978-7-308-25905-7

Ⅰ. F406.2

中国国家版本馆 CIP 数据核字第 2025EL3800 号

复杂产品研发项目运行过程建模、仿真与优化

张西林　著

责任编辑	蔡圆圆
文字编辑	周　靓
责任校对	许艺涛
封面设计	雷建军
出版发行	浙江大学出版社
	（杭州市天目山路 148 号　邮政编码 310007）
	（网址：http://www.zjupress.com）
排　　版	杭州星云光电图文制作有限公司
印　　刷	杭州高腾印务有限公司
开　　本	710mm×1000mm　1/16
印　　张	15
字　　数	216 千
版 印 次	2025 年 1 月第 1 版　2025 年 1 月第 1 次印刷
书　　号	ISBN 978-7-308-25905-7
定　　价	68.00 元

前　言

随着产品需求个性化、差异化以及定制化的发展,能否及时研发出满足用户需求的产品,是企业生存与发展的关键。产品研发不仅是企业战略计划的首要任务,而且是创新型国家建设的重要需求。我国一直非常重视产品研发,研发经费投入逐年增大,2018 年至 2022 年国家研发经费支出分别为 19677.90 亿元[①]、22143.60 亿元[②]、24393.10 亿元[③]、27956.30 亿元[④]、30782.90 亿元[⑤],一直保持着高速增长态势。"十四五"期间,国家对研发提供更大的政策支持和经费投入。国家在《中共中央关于制定国民经济和社会发展第十四个五年规划和二〇三五年远景目标的建议》中明确提出"加快发展研发设计,加大研发投入,优化研发布局"。时任国务院总理李克强在十三届全国人大四次会议的政府工作报告中明确提出"'十四五'期间全社会研发经费投入年均增长 7% 以上"[⑥]。企业也在研发领域投入大量的资金,例

① 国家统计局.2018 年全国科技经费投入统计公报[EB/OL]. (2019-08-30)[2024-01-01]. https://www.stats.gov.cn/sj/tjgb/rdpcgb/qgkjjftrtjgb/202302/t20230206_1902128.html.

② 国家统计局.2019 年全国科技经费投入统计公报[EB/OL]. (2020-08-27)[2024-01-01]. https://www.stats.gov.cn/sj/tjgb/rdpcgb/qgkjjftrtjgb/202302/t20230206_1902129.html.

③ 国家统计局.2020 年全国科技经费投入统计公报[EB/OL]. (2021-09-22)[2024-01-01]. https://www.stats.gov.cn/sj/tjgb/rdpcgb/qgkjjftrtjgb/202302/t20230206_1902130.html.

④ 国家统计局.2021 年全国科技经费投入统计公报[EB/OL]. (2022-08-31)[2024-01-01]. https://www.stats.gov.cn/sj/zxfb/202302/t20230203_1901565.html.

⑤ 国家统计局.2022 年全国科技经费投入统计公报[EB/OL]. (2023-09-18)[2024-01-01]. https://www.stats.gov.cn/sj/zxfb/202309/t20230918_1942920.html.

⑥ 李克强作的政府工作报告(摘登). (2021-03-06)[2024-01-01]. http://www.qstheory.cn/yaowen/2021/03/06/c_1127175548.htm.

如:2022年,潍柴动力研发投入达88.51亿元[①],徐工机械研发投入达57.50亿元[②]。

研发与设计对复杂产品全寿命费用和进度的影响高达85%。复杂产品研发项目是一项系统工程,需要众多参研团队共同协作才能完成,而且研发周期长、资源投入量巨大。例如:一架飞机从开始研制到交付使用需要6~8年;近20万人参与了商飞C919的研制。研发过程中经常会发生延期、超支等现象,延期会导致市场竞争力下降、客户流失、延期惩罚成本大幅度增加等问题。因此,需要深入分析复杂产品研发项目的运行过程,厘清影响研发项目运行效果的主要因素,揭示其影响机理,并在此基础上,优化研发流程和资源配置方案,保障研发项目的顺利完成。

本书是笔者多年来在复杂产品研发项目运行过程建模、仿真与优化方面的研究成果的总结,系统介绍了复杂产品研发项目运行过程量化描述、建模仿真、运行过程分析和优化控制的理论方法,注重理论与实践的结合。全书共分为十章:第一章为绪论,第二章至第七章主要介绍复杂产品研发项目的描述、仿真建模及研发过程分析,第八章至第十章主要介绍复杂产品研发项目运行过程优化。首先,介绍研发活动工期和成本、返工迭代、重叠执行、相互关系等参数的量化描述方法,基于设计结构矩阵(Design Structure Matrix,DSM)构建复杂产品研发项目运行过程仿真模型。其次,介绍研发项目关键活动的识别方法,量化分析隐含返工、需求变更等因素对研发项目运行过程的影响。最后,有机结合仿真模型和智能进化算法,构建复杂产品研发项目流程和资源配置优化方法。本书的主要内容如下。

---

① 潍柴动力股份有限公司.2022环境、社会及管治报告[EB/OL].(2023-03-01)[2024-01-01].https://file.finance.sina.com.cn/211.154.219.97:9494/MRGG/CNSESZ_STOCK/2023/2023-3/2023-03-31/8942335.PDF.

② 徐工集团工程机械股份有限公司.2022年年度报告[EB/OL].(2023-04-29)[2024-01-01].https://file.finance.sina.com.cn/211.154.219.97:9494/MRGG/CNSESZ_STOCK/2023/2023-4/2023-04-29/9182574.PDF.

第一章为绪论,介绍本书的研究背景、研究意义、国内外研究现状和主要研究内容。

第二章为复杂产品研发项目的相关概念及运行参数量化描述,介绍复杂产品研发项目的运行过程、特征、结构等相关概念,构建研发活动工期与成本、返工、学习曲线、重叠关系等运行参数的量化描述方法。

第三章为基于证据推理的复杂产品研发项目返工参数量化,在厘清研发项目返工概率的主要影响因素及其影响机理的基础上,构建基于证据推理的返工概率估计方法。

第四章为基于DSM的复杂产品研发项目运行过程仿真建模,介绍研发项目运行过程离散事件系统仿真建模的概念和方法,考虑研发项目运行过程中的多种不确定性因素,设计研发活动占用资源的优先级规则,基于DSM构建研发项目运行过程仿真模型。

第五章为复杂产品研发项目关键活动识别,通过节点重要度指标评价研发网络节点的关键性,基于仿真分析研发活动对研发项目运行效果的影响,结合网络分析和仿真分析综合评价各个研发活动的关键性程度。

第六章为隐含返工对复杂产品研发项目运行过程的影响,厘清各因素对研发项目返工的影响机理,构建返工参数与主要影响因素之间的关系模型,重点评估隐含返工对研发项目运行过程的影响机理和影响程度。

第七章为需求变更对复杂产品研发项目运行过程的影响,分析研发错误、需求变更、信息变更等引发返工的原因,揭示需求变更引发返工的机理和量化表示方法。基于系统动力学对研发项目进行仿真建模,量化评估需求变更对研发进度的影响。

第八章为复杂产品研发项目流程优化,建立复杂产品研发项目流程优化问题数学模型,基于NSGA-Ⅲ构建研发流程多目标优化算法,分别进行不考虑隐含返工的复杂产品研发项目流程优化、考虑隐含返工的复杂产品研发项目流程优化,并构建基于前景理论的复杂产品研发项目运行效果评价方法。

第九章为复杂产品研发项目资源配置优化,建立研发活动工期、研发活动成本与资源分配量之间的关系模型,构建考虑资源配置影响的研发项目运行过程仿真模型,基于多目标粒子群算法(MOPSO)构建研发项目资源配置优化算法。

第十章为复杂产品研发流程与资源配置联合优化,根据研发资源是否通用,把问题分为两种情况:资源通用情形下的研发流程与资源配置联合优化、团队限制情形下的研发流程与资源配置联合优化,分别构建其优化算法。

希望本书的出版能对复杂产品研发项目运行过程建模、仿真与优化具有较好的参考价值。同时,还希望对研发项目管理领域的相关学者、研究生和本科生有所帮助。

本书的撰写得到了江苏师范大学经济学国家一流专业建设项目的资助,特此致谢。由于笔者学术水平有限,书中难免存在不足之处,恳请同行及读者批评指正。

目　录

第一章 绪 论

第一节 研究背景

复杂产品指具有规模大、集成度高、技术含量高、单件或小批量定制化、研发过程复杂、研发成本高等特点的产品。复杂产品研发项目周期长、资源投入量巨大,如一架飞机从开始研发到交付使用需要 6~8 年。复杂产品研发项目是一项系统工程,需要众多团队共同协作才能完成,例如,约 6500 人参与了波音 777 的研制;近 20 万人参与了商飞 C919 的研制。在研发过程中,由于各种不确定性因素的影响,经常会发生超期、超支现象,根据 Standish Group 的调查,只有 28% 的研发项目能够按照工期和成本要求完成。延期会导致产品市场竞争力下降、客户流失、延期惩罚成本大幅度增加等问题。

复杂产品研发需要多个参研单位合作才能完成,各个参研单位的研发进度密切相关、相互影响,参研单位之间存在合作关系的同时通常也存在竞争和利益冲突。在复杂产品研发项目规划、组织实施等过程中需要考虑众多因素,组织、协调工作难度非常大。复杂产品研发项目运行过程分析与优化控制主要存在以下几个难点。

一、研发过程中的不确定性大

复杂产品研发项目具有很大的不确定性,使得研发项目进度分析与优化的难度较大。复杂产品研发创新和技术突破要求高,研发项目能否完成、完成时间、所需费用、完成质量等都存在较大的不确定性。除主要研发单位之外,供应商、用户等也可能会参与研发过程,造成研发项目的不确定性因素增多。此外,复杂产品研发周期长,研发过程中可能会发生企业战略调整、需求变更、参研人员变更、供应商变更等各种各样的问题,也在很大程度上增大了研发项目的不确定性。因此,复杂产品研发项目运行过程具有很大的不确定性。

二、研发项目组织结构复杂,研发流程调整难度大

复杂产品研发需要协调分散在不同地点的上百个参研团队、几万甚至几十万名研发人员,组织协调工作复杂。例如,波音 787 已实现全球 30 多个国家、135 个地方、180 个供应商之间的协同研发和制造。在研发项目运行过程中,需要动态预测研发进度,有针对性地调整研发流程或资源分配方案。各个子项目的研发流程或研发资源相互影响、相互制约,且影响机理复杂,对一个子项目的调整往往会影响多个相关联的子项目。因此,调整复杂产品研发项目流程的难度非常大。

三、难以准确估计复杂产品研发项目的运行效果指标

复杂产品研发项目结构复杂、创新性强、不确定性大。同一产品研发项目通常只进行一次,没有相同产品研发项目的历史运行数据可供使用。因此,难以准确估计研发项目的工期、费用、风险等指标。

四、难以准确估计整个研发项目的实际进度

在复杂产品研发项目运行过程中,可直接获得的项目进度信息是各个参研团队上报的进度情况,这些进度数据往往没有考虑整个研发

项目的集成验证,在研发项目后期阶段,由于不兼容、错误等原因可能需要对已完成的研发活动进行返工,不能真实反映研发项目的实际进度。因此,难以根据参研团队上报的进度信息准确估计整个研发项目的实际进度。

为确保复杂产品研发项目的顺利完成,需要协调众多参研单位,合理规划研发项目运行过程。通过优化研发流程和资源配置方案,减少不必要的返工迭代,合理给各个子项目分配资源,从而达到缩短研发工期、减少研发成本、降低研发风险等目的。

第二节　研究意义

在复杂产品研发项目运行过程中,研发活动的返工迭代、重叠执行、资源冲突等因素都会对整个研发项目的工期、成本等产生影响。本研究考虑研发项目运行过程中的多种不确定性因素,合理描述复杂产品研发项目运行过程,构建研发项目仿真模型,分析各研发活动完成所需的时间和成本、返工次数、资源冲突等因素对研发项目运行效果的影响,优化研发项目运行过程和资源配置方案。研究意义主要包括以下几点。

(1)构建研发项目运行过程仿真模型,为分析研发项目运行过程提供科学方法。该仿真模型能有效反映研发项目的真实运行情况,可用于评估研发工期、研发成本、返工次数、资源冲突等信息,从而更好地对研发项目进行科学预测、规划、评估和控制。

(2)构建研发项目运行参数估计方法,为分析研发过程、评估研发项目运行效果指标提供基础支撑。复杂产品研发项目具有结构复杂、不确定性因素多和动态性强等特征,难以准确估计其运行参数。本研究收集、整理研发项目的运行数据,构建研发项目运行过程的参数估计方法；重点厘清返工的影响因素，揭示其影响机理，深入研究返工参数的估计方法。通过研发项目运行参数的量化估计，准确描述研发项目运行过程，为剖析研发项目运行过程、评估研发项目运行效果提供重要基础支撑。

（3）准确估计研发进度，为研发项目的合理调度提供科学依据。在复杂产品研发项目运行过程中，由于研发过程中各个参研团队上报的进度数据没有经过集成验证，可能存在很多预测不到的返工，不能准确反映整个研发项目的实际进度。本研究基于复杂产品研发项目的仿真数据，量化研发项目的已消耗工时，估计研发项目的未完成工作量，从计划进度、表面进度、实际进度等多个角度分析研发进度，能够更深入、更全面、更准确地描述研发进度，为研发项目的合理调度提供科学依据。

（4）结合仿真模型与智能进化算法优化研发项目运行过程，为研发项目的顺利完成提供有力保障。复杂产品研发项目通常时间紧、任务重，运行过程中不确定性大、动态性强。由于复杂产品研发流程安排或资源配置不合理，项目超支、超期现象时有发生，甚至会造成项目被迫终止。本研究有机结合研发项目运行过程仿真模型与智能进化算法，分别从调整研发流程、调整研发资源配置方案等角度对复杂产品研发项目进行优化，有效提高研发项目的运行效率，缩短研发工期、减少研发成本，为复杂产品研发项目的顺利完成提供有力保障。同时，为管理人员提供满意的研发项目运行过程优化方案或决策参考，对提高复杂产品研发项目的科学管理水平具有重要的实践和应用价值。

第三节　研究现状

通过对相关的国内外文献的梳理，本研究从基于设计结构矩阵

(Design Structure Matrix，DSM)的复杂产品研发项目运行过程描述与仿真、研发项目关键活动识别及研发进度分析、基于系统动力学的研发项目仿真建模及需求变更影响分析、复杂产品研发项目运行过程优化等方面进行国内外研究现状综述。

一、基于 DSM 的复杂产品研发项目运行过程描述与仿真

复杂产品研发项目描述主要研究如何借助有效的工具或方法，对复杂产品研发项目的组织、过程等进行描述。为深入分析研发项目的运行过程和运行效果，通常在研发项目描述的基础上，对其进行仿真建模。

(一)基于网络计划技术的研发项目描述与分析

过程描述与仿真是研究复杂产品研发项目的基础工作。已有文献采用多种方法对复杂产品研发项目进行描述与仿真。其中，网络计划技术是一种重要的复杂产品研发项目描述与分析方法。20 世纪 50 年代，网络计划技术被提出，目前已经在多个领域被广泛应用。网络计划技术主要包括关键路径法(Critical Path Method，CPM)、计划评审技术(Program Evaluation and Review Technique，PERT)以及图示评审技术(Graphical Evaluation and Review Technique，GERT)等。[1][2]

CPM 主要针对各个活动的工期及其之间的逻辑关系均确定的项目网络。而 PERT 主要针对活动之间的逻辑关系为确定但是活动的工期不确定的项目网络，PERT 能协调整个项目进度计划的各道工序，合理安排时间、人力、物力等资源。[1]Hahn 考虑到活动工期的胖尾分布和不确定性，利用 Beta 分布与均匀分布联合构建改进模型，用于描述活动工期的分布。[3]Castro 等提出了一种新规则解决了 PERT 中的资源分配问题，针对 PERT 中的非忙期的工序，对其时间进行了重新分配，从而制定有效的工序安排。[4]唐建等通过离散事件仿真和 PERT 网络分析获得网络、工序、节点、时差等信息。[5]基于 PERT 方法进行工期优化的研究比较多，但 PERT 研究的是逻辑关系确定的项

目网络,在 PERT 中不允许存在回路,难以对复杂产品研发项目运行过程中的返工迭代、重叠执行、不确定性等进行描述。

随机网络是指针对不仅活动之间的逻辑关系具有不确定性,而且各个活动的工期、成本等参数也存在一定的不确定性的项目,采用随机变量对其进行描述和分析的一种网络计划技术。GERT 在 20 世纪 60 年代被提出,它是在随机变化的外部条件与内部的各种随机因素共同作用下,通过 GERT 网络对系统进行描述和分析。[6][7]GERT 能够对复杂产品研发项目进行网络构模与分析,并给出复杂产品研发系统的静态、动态特性和概率分布。[8]GERT 在 PERT 的基础上增加决策节点,可以将研发活动的各个参数(如时间和费用)设为随机分布,各个研发活动是否发生及相互之间的影响关系也具有随机性,即研发活动按一定的概率可能发生或不发生,相应地反映在研发活动开始或结束的节点或枝线也可能发生或不发生。GERT 可包含具有不同逻辑特征的网络节点,允许存在自环和回路,活动参数可选取多种类型的函数或概率分布。[9]许多学者基于 GERT 对研发项目进行描述和分析。Kurihara 与 Nishiuchi 提出了一种新的方法来估计项目时间、项目成本等网络特性,根据不同项目具有各种不确定参数的问题,提出了利用 GERT 网络方法分析项目网络特征,并基于蒙特卡罗模拟快速、准确地估计其网络特性。[10]Hayashi 等基于 GERT 网络对聚合物电解质燃料电池研发过程进行分析和评价。[11]刘红旗等研究了装备研制进度规划的 GERT 反问题模型,研究了在给定项目计划完成时间的前提下,如何给项目的各个阶段合理分配计划完成时间。[12]陶良彦等针对复杂产品存在多层次研制网络问题,通过构建多层次网络模型分析研制总进度与各级供应商进度的关系,建立研制进度规划的超冲突均衡博弈模型,并通过某商用飞机的研制进行了实证分析。[13]Wu 等在基本 GERT 网络模型的基础上,提出了多转换参数图示评审技术(Multi-path Graphic Evaluation and Review Technique,MTP-GERT)网络模型。[14]Nelson 等提出了一种利用 GERT 网络模型分析并行的新产品开发流程时间的计算模型,该模型考虑了流程通信的复杂性,把并行工程纳入其中,提出了一个并行产品开发过程分析的替代方法,并把该模型成功应用于爱尔兰和伊朗的两家新产品开发公司。[2]GERT 方法能够较好地描述研发项目网络,但是 GERT 无法描述复杂产品研发项目中研发活动之间的重叠,而且在研发活动返工迭代时,GERT 是以一定概率表示是否返工迭代,但是返工时间是固定的,不能表示产品研发过程中的学习效应。

(二)基于 DSM 的研发项目描述与仿真

复杂产品研发项目运行过程描述与仿真的方法有多种,主要包括 DSM、系统动力学方法、网络计划技术等。[15][16]DSM 用方阵表示复杂产品研发项目中活动之间的串行、并行、耦合和重叠等关系,能够很好地对复杂产品研发项目的运行过程进行描述、仿真和分析。DSM 方法已经在研发项目运行过程分析、流程优化、风险评估、协同设计等领域得到了广泛的应用。[15][17]

在复杂产品研发过程中,会发生一定程度的返工迭代,返工迭代对于研发项目的顺利完成有积极作用,但也会增加研发项目的工期和成本。[18][19]当在复杂产品研发过程中发生返工迭代时,由于其随机性比较大,难以对复杂产品研发项目的工期及其方差进行估计。Nasr 等基于奖赏马尔可夫链提出了一种有效的研发项目工期及其方差的分析方法。[20]柴国荣等基于 DSM 构建,考虑活动返工迭代的复杂项目模型并借助该模型对复杂项目流程进行初步优化,设计了复杂项目的工期计算方法。[21]Qian 等以 DSM 中总反馈长度最小为目标,对复杂产品研发过程中的活动序列进行了优化。[22]

复杂产品研发项目通常时间紧、任务重,为了加快复杂产品研发速度、缩短工期,往往会采取活动重叠的方式,即在研发项目的上游活动还没有完成时开始执行下游活动。此时,上游活动的信息还没有全部确定,其输出的信息存在一定的不确定性,会增大返工风险,进而会造成额外的工时、资源的消耗。Srour 等指出,两个活动之间交换的信息数量、时间和性质等决定了两者可以重叠的程度。[23]Dehghan 等认为,不同重叠策略的成本差异主要取决于重叠所引发的返工工作量大小,并开发了计算机工具来运行、检查和验证重叠优化算法。[24]Lin 等分析了不同的项目属性对研发过程中重叠策略的影响,并通过研发项目工期与成本的权衡,研究如何选择产品研发过程中的最优重叠策略。[25]Hossain 与 Chua 指出,计划外的重叠非但不一定能够减少项目工期,还会导致额外返工,有可能是得不偿失的,并研究了重叠策略的确定方法。[26]

DSM 可用于分析领域内元素之间的依赖关系。但是,随着研究的深入,需要分析复杂产品研发过程中不同领域之间的元素的依赖关系。[27]学者们研究了不同领域的元素之间的映射关系模型,构建了"域映射矩阵""多领域矩阵"和"扩展的多领域矩阵"等,可以用于描述和定量分析复杂产品研发过程中多个领域(例如"功能域—组织域""团队—产品—功能等")的元素之间的依赖关系。[28][29]

复杂产品研发项目的节点多、关系复杂、不确定性程度大、动态性强,难以对其进行数学建模,很多文献基于仿真对其进行分析和评价。在基于 DSM 进行描述的基础上进行仿真建模是复杂产品研发项目仿真的一种重要方法。Cho 与 Eppinger 构建了基于 DSM 的复杂产品设计过程的仿真模型,在此基础上,使用该仿真模型对复杂产品研发过程进行建模与分析,分析并行策略、过程鲁棒性等对工期、成本等的参数影响。[30]Karniel 与 Reich 构建了能够反映产品研发过程变化的DSM 网络,并提出了基于多层次建模与仿真的产品开发流程管理方法。[31]Maier 等基于 DSM 构建了产品设计过程的仿真模型,在此基础上,通过仿真分析了返工迭代、变更传播等对产品设计过程的影响。[32]杨青等通过构建研发项目网络的风险传播动力学模型研究了研发风险的传播机制,分析了返工变更传播对整个研发项目的影响,提出针对某些返工应提前进行返工预处理以降低返工传播的影响强度,从而提高整个研发网络的抗风险能力。[33]李芮萌等结合 DSM 和系统动力学模型,研究复杂产品研发项目设计变更风险的动态传播特征。[34]

在基于 DSM 的复杂产品研发项目运行过程描述与仿真的研究方面,当前文献在研发项目描述和仿真过程中主要考虑了活动工期和成本的波动、返工迭代、重叠执行、学习效应等因素,但研发项目运行过程复杂,仅用这些参数难以全面、准确地对其进行描述。在考虑研发项目的返工时,当前文献只考虑了可预测返工,并且假定返工参数是已知的,鲜有文献考虑研发过程中隐含返工的影响。通常情况下,复杂产品研发项目影响因素多、不确定性大、网络结构复杂,隐含返工的参数和所造成的返工量难以估计,需要进一步研究隐含返工的度量方法,并分析隐含返工对研发进度、成本、风险等的影响。因此,需要进一步细化研发项目的影响因素和运行参数,合理估计和量化隐含返工参数,通过仿真模型对复杂产品研发项目进行更细致、更准确的描述。

二、研发项目关键活动识别及研发进度分析

(一)基于网络分析的关键研发活动识别

网络可以清楚地描述复杂系统中的节点及节点之间的关系,进而对节点重要度进行衡量。网络分析被广泛应用于社交网络、电力网络、供应链网络、制造网络、研发项目网络等系统的关键节点识别上。复杂产品研发项目网络节点众多、关系复杂、运行过程中不确定性大,难以准确识别研发网络中的关键节点。可运用复杂网络理论分析产品组件之间的信息流和知识流,进而分析研发项目网络的物理结构和拓扑结构。[35]

在复杂网络中,关键节点相对于其他节点而言,对拓扑结构和网络功能有更大影响,准确识别关键节点对于网络分析、控制等非常重要。[36]Gao 等从拓扑结构和网络功能两个方面评估制造系统的脆弱性,并提出了一种综合利用复杂网络技术和仿真技术评估制造系统脆

弱性的方法,该方法包括制造系统网络描述、设备故障场景描述、制造系统脆弱性分析和量化评估等步骤。[37]吴家贝等构建了制造系统的网络模型,通过度中心性、介数中心性、接近中心性、网络效率损失等指标识别关键资源节点,并通过 SI 模型仿真比较、分析各种指标用于关键节点识别的优劣。[38]Sara、Hassan 及 Wang 等综合考虑局部中心性和全局中心性,通过 SIR 模型识别复杂网络中的关键节点,并结合仿真实验验证所提方法的有效性。[39][40]刘娜等综合考虑节点自身的重要度与连接边的重要度,提出了一种改进的加权节点收缩法,可以较好地评价供应链中各个节点的重要度。[41]张旭等综合考虑节点自身重要度和相邻节点重要度,利用改进的节点收缩法评估各个供应链节点的重要程度,通过实例表明该方法的评价效果较好。[42]Becker 与 Wagner 采用网络节点表示生产系统中的机器,采用网络边表示机器之间的物流,构造了生产系统网络模型,并提出了一种多属性决策方法用于识别关键机器。[43]董晨阳等在所构建的网络模型中考虑了复杂制造过程中流程和资源的不确定性,基于模型进行资源与流程节点的关联性分析,从而能够有效识别制造网络的关键工序节点。[44]李晓娟等根据设备位置、工艺路线、产品配置等信息构建车间网络模型,综合考虑网络结构、传播机制、节点属性等因素衡量节点的瓶颈程度,从而能够有效识别车间网络的瓶颈节点,实现了对生产过程中瓶颈节点的动态监控和预测。[45]Yang 等基于社交网络分析产品研发项目网络中的组织聚类,提出了团队内与团队之间中心度指数,用于评估组织网络。[16]杨婧与陈英武提出了一种新的网络参数——流度,用于分析项目网络拓扑结构与关键路径的关系、项目关键路径与节点网络属性之间的相关性等。[46]

产品研发项目是一个复杂系统,包含了众多研发活动,需要投入大量的资源,在研发过程中,各种研发活动和研发资源相互关联。Fu 等将产品研发项目中的活动、资源等映射为网络节点,将节点间的关系映射为网络的边,构建了产品研发过程网络。在此基础上,基于复杂网络理论分析产品研发项目网络的拓扑特征和物理特性,并采用Girvan-Newman(GN)算法和改进的度量准则平衡研发资源。[47]Li 等采用多层网络表示复杂产品研发项目的产品层和组织层,考虑资源冗余、合作协调、学习效率等变更风险缓解策略,构建了基于负载能力的设计变更风险传播模型,评估各种策略下设计变更传播的影响程度。[48]Riesener 等将敏捷产品开发的组织特征与产品开发网络设计结合起来,提出了一种产品开发网络的设计方法,可以有效进行网络功能的优先级排序。[49]

当前文献在复杂网络关键节点识别方面进行了一定的研究,特别是在供应链网络、生产制造网络等关键节点识别方面较为深入,但是,针对复杂产品研发项目网络关键节点识别的研究相对较少。复杂产品研发项目不同于生产制造项目,其复杂性更高、不确定性更大、动态性更强,关键节点存在一定的随机性和动态性,研发过程中关键节点可能会发生动态变化。传统指标难以准确识别研发项目网络的关键节点,需要进一步考虑复杂产品研发项目网络的随机性和动态性,深入研究其关键节点识别方法。

(二)基于仿真的研发进度分析

在复杂产品研发项目运行过程中,研发进度的实时监控与分析是研发进度调整的重要依据,是保证研发项目按时完工的重要前提,当前国内外许多学者围绕基于仿真的研发进度分析进行了大量研究。

仿真技术为复杂产品研发进度分析提供了强有力的辅助和支撑。通过仿真模型对产品研发过程进行描述,通过仿真输出对研发项目的运行过程和运行效果进行分析、评价,根据分析、评价结果可以对研发项目计划方案进行动态调整。同时,可以根据研发项目已经产生的实际运行数据对仿真模型及仿真参数进行动态调整。李洪波与徐哲考虑了复杂产品研发过程中的资源冲突、随机重叠等因素,基于DSM进行仿真建模、研发项目运行效果分析。[50]Yan 等提出了一种基于扩展随机高级评价 Petri 网的产品研发过程建模与仿真方法,构造了研发活动调度过程仿真,并提出了研发项目运行过程中的活动排序、资源分配、状态变化和仿真终止等规则。[51]张延禄与杨乃定构建了研发项目风险分析仿真模型,通过仿真模型研究了组织失效对研发工期的影响。[52]Yassine 通过仿真分析产品研发过程的可靠性和稳健性。[53]张春生与严广乐在考虑活动重叠的情况下,基于 DSM 构建项目运行过程仿真模型,并对项目进度进行分析和优化。[54]赵小华等重点考虑能力演化过程,基于多 Agent 建模技术构建了研发项目的进度仿真模型,通过仿真模型分析资源竞争对研发进度的影响。[55]Bhuiyan 等通过仿真分析产品研发过程的关键特征与产品研发绩效之间的联系,并对产品研发过程进行改进。[56]

当前文献在研发项目进度分析方面大多采用 CPM、PERT、GERT 等方法,这些方法相对比较成熟,但这些方法在进行研发进度分析时不能完全准确地描述研发过程,难以对研发项目的实际进度进行准确度量,且难以对研发进度进行动态分析。仿真模型能够对研发项目进行相对准确的描述,通过仿真输出可以对研发项目的运行效果进行合理估计。需要充分利用仿真输出数据进行复杂产品研发进度分析。

三、基于系统动力学的研发项目仿真建模及需求变更影响分析

为了更好地理解需求变更对研发项目的影响,本小节主要从基于系统动力学的研发项目仿真建模、研发过程中的需求变更及其影响等方面进行文献综述。

(一)基于系统动力学的研发项目仿真建模

由于产品研发项目规模庞大、结构复杂,存在很大的不确定性,许多研发活动需要多次返工迭代才能完成。[57][58]随着产品研发项目的

进行,研发项目逐渐被细化,各个研发活动的研发内容和要求越来越具体,研发人员和客户对产品的认知越来越深入,继而会对产品研发方案有所修改,发生需求变更,从而进一步增大了研发项目的不确定性。由于问题的高复杂性和高不确定性,难以对研发项目直接进行数学建模,比较通用的方法是对研发项目进行仿真建模,通过仿真模型对研发项目进行分析和优化。

在对产品研发项目进行仿真建模时,系统动力学建模是分析产品研发动态过程的一种有效方法。目前,已有多名学者从不同角度基于系统动力学对研发项目进行仿真建模。[59][60]Ford 与 Sterman 考虑研发流程、资源、范围和目标等因素,对多阶段研发项目进行建模,该模型明确地描述了迭代、典型的研发活动以及各种工作约束。[61]Rahmandad 与 Hu 对返工回路进行建模,假定每个研发活动中可存在的缺陷数量服从泊松分布,考虑了每个研发活动中的多种缺陷和检测过程中的灵活捕获,通过不断的测试发现研发活动中的错误。[62]Huang 与 Gu 基于反馈控制理论,将产品研发开发过程看作一个具有反馈的动态系统,开发了动态模型及其设计结构矩阵,以分析相关信息的传输和反馈。[63]Lin 等把研发项目分为概念研发、详细设计、试生产等三个阶段,构建了用于描述产品研发动态过程的仿真模型,并使用某手机研发实例对所构建的模型进行验证,在此基础上,对研发过程中不同的重叠策略进行分析,为研发项目管理人员提供了重要的决策依据。[64]Reddi 与 Moon 基于系统动力学模型研究了协同供应链条件下工程变更的有效处理方法。[65]Joglekar 与 Ford 在基于系统动力学模型分析研发项目的资源配置效果方面进行了研究。在项目的动力学模型中,多个阶段之间的相互作用通常被认为很重要。[66]Parvan 等使用 15 个工程项目的资料来评估设计与项目阶段之间的反馈,构建了反映项目动态过程的系统动力学模型,研究表明未发现的设计返修显著降低了施工质量和生产率。[67]

此外,有些学者基于 GERT、DSM 对研发项目进行仿真建模。

Nelson 等、Tao 等基于 GERT 构建新产品开发（New Product Development，NPD）模型。[2][9]Cho 与 Eppinger、Shi 与 Blomquist、张西林等考虑了研发过程中的返工迭代、随机重叠、失败率等因素，基于 DSM 构建了产品研发项目的仿真模型。[30][68][69][70]

(二)研发过程中的需求变更及其影响

产品研发需求变更是在产品研发过程中针对某一确定的研发需求方案而进行的需求元素的增加、调整、修改和删除，以及由此而引发的对整个研发项目需求进行调整的过程。需求变更管理是产品研发中的一项重要活动，它贯穿于整个产品研发过程中，是影响研发项目工期、成本的一个重要因素。[70]通常有两种方法解决需求变更：研发项目进行过程中进行返工迭代与研发项目完成后启动需求变更处理项目。本书的研究范围属于前者，即在研发项目进行过程中可能会发生需求变更。需求变更导致产品功能、技术参数等的变更，从而导致设计变更或工程变更，进而引发研发项目的返工迭代。需求变更会增大产品研发过程中的风险，如工期延长、成本增加等，但与此同时，通过需求变更可以不断完善产品性能，增加产品价值，更大程度上满足客户需求。[71]

为了对产品需求变更进行有效管理，需要对需求变更进行合理估计。[72]需求变更的估计内容主要包括需求变更概率、影响程度、影响范围等。Clarkson 等通过经验数据，建立数学模型，预测复杂设计过程中变更发生的概率和变更影响程度，使得管理人员和设计人员能够在设计过程的早期阶段准确预测变更风险。[73]Giffin 等对一个大型工业数据集进行研究，发现变更活动在整个系统中不是均匀分布的，而是更集中在某些领域。某些变更会产生很大的影响，并可以在非直接连接的区域之间传播。[74]Eckert 等结合实例对复杂产品研发过程中的设计变更进行了研究，发现在产品设计过程中，部件之间的高密度相互连接会导致研发项目的复杂化。在复杂产品研发过程中，对一个部件或系统的更改极有可能导致对另一个部件或系统的更改,而另一个部件或系统的更改又可以进一步传播。[75]Shafiq 等、Akbar 与 Shafiq 研究了软件产品开发过程中的需求变更管理。[76][77]Ullah 等将变更风险与完成变更所需的返工量联系起来,根据传播概率和变更影响来量化所需的返工量。[78]Rebentisch 等基于结构复杂度对研发项目中技术体系的变更及其对成本、工期的影响进行评估。[79]

需求变更发生后,需要进行相应的设计变更或工程变更。[80]Li 与 Moon 分析了活动的不确定性、设计方案的不确定性、环境的不确定性等三种不确定性因素,并量化这三种不确定性因素对返工概率的影响,在此基础上,分析新产品研发过程与工程变更之间的关系。[81]Reddi 与 Moon 构建了 NPD 过程和工程变更管理(Engineering Change Management,ECM)过程的系统动力学模型,并通过调整参数值分析两个过程之间的相互作用及其对组织绩效的影响,结果表明参数对 NPD 过程工期的影响因工艺环境的不同而不同。NPD 过程中,在不同研发阶段,变更处理方式也不同,在项目初期阶段的变更通过设计迭代来处理,而产品设计完成后的变更则使用 ECM 过程来处理。[82][83]Hamraz 等基于需求的基准测试方法(A Requirements-Based Benchmarking Approach)对传统的 CPM 进行改进,实现了对工程变更的有效评估、预测与跟踪。[84]Li 等采用仿真和优化方法分析复杂工程设计中资源受限时的设计变更传播。[85]Koh 等以质量屋和变更预测方法为基础,对不同变更方案引起的潜在变更传播效应进行建模,从而对复杂产品的设计和研发过程中的工程变更(Engineering Charge,EC)进行预测和管理。[86]

在基于系统动力学的研发项目仿真建模方面,当前文献考虑研发项目中研发活动之间的各种关系,执行速度、执行质量、返工速度、返工质量、检测速度、检测质量等多种因素,从不同角度、使用不同方法对研发项目进行仿真建模、分析。在研发过程中的需求变更及其影响方面,当前文献主要研究了变更发生的概率和变更产生影响的估计方法,并在假定变更是确定的条件下,研究变更的传播机制。但是,鲜有文献把需求变更与研发项目仿真模型相结合,研究随机需求变更对研发项目工期的影响。在产品研发项目运行过程中,往往会发生需求变更,而且大部分需求变更是难以预测的,需要进一步在研发项目仿真模型中考虑需求变更,深入分析需求变更对研发项目工期、成本等参数的影响。

四、复杂产品研发项目运行过程优化

(一)复杂产品研发项目流程优化

研发流程是影响复杂产品研发工期的重要因素,流程优化是复杂产品研发项目优化的重要内容。智能进化算法是解决研发流程优化问题的一种重要方法,许多学者围绕基于智能进化算法的研发流程优化问题进行了深入研究。

DSM能够很好地描述、分析研发流程,多位学者在采用DSM描述研发项目结构和流程的基础上,基于智能进化算法进行研发流程优化。杨青与吕杰峰、Cook与Coates综合考虑返工的不确定性、返工风险等因素,采用遗传算法优化DSM,减少返工活动个数(DSM上三角矩阵的非零元素个数),从而达到减少返工的目的。[87][88]Dridi等提出了一种混合蚁群算法,用以解决多模式、多目标分配与调度问题。[89]于静等以研发项目工期最短为目标,在考虑活动重叠的基础上,建立了资源受限的项目调度优化模型,使用改进的遗传算法对该模型进行优化求解,并结合实例对该方法进行验证,表明该方法可以有效缩短项目工期,同时使整个项目运行过程中资源更加均衡。[90]Cheng与Chu基于模糊集理论和DSM,提出了任务分配问题的优化模型,并利用遗传算法进行优化求解。[91]李洪波等建立了基于DSM的复杂产品研发流程仿真模型,通过仿真输出对研发项目的运行效果进行评价,在此基础上,以仿真输出作为NSGA-Ⅱ(Non-dominated Sorting Genetic

Algorithm-Ⅱ)的适应度评价指标,基于 NSGA-Ⅱ优化复杂产品研发流程。[92]Meier 等在仿真模型中考虑了工期和成本的随机波动、返工迭代、随机重叠等多种不确定性因素,并在仿真的基础上对产品研发过程进行优化。[93]Liu 等提出了一种客户协同产品设计的两阶段方法。在第一阶段,提出基于模糊多准则决策和供应商预算约束的质量功能展开,以最大化客户满意程度。在第二阶段,提出确定耦合活动序列的确定方法,使得 DSM 中的总反馈时间最小。[94]Marques 等把整数线性规划和蒙特卡罗模拟方法相结合,研究了技术和市场不确定条件下的新产品开发阶段的集成过程设计和生产计划决策优化问题。[95]

　　由于研发项目可用的总资源量通常是有限的,在研发项目运行过程中,可能会发生资源冲突,届时,需要考虑各个活动占用资源的优先级,按照一定的优先级顺序给各个活动分配资源。[96]在资源受限条件下的多项目调度中,资源占用优先规则与网络密度、迭代强度和资源冲突程度等因素有关。[97]Browning 与 Yassine 分析了资源受限条件下多项目调度中各种优先级规则的表现性能,并探讨了资源限制对组合项目的影响,发现组合项目中资源占用优先规则与网络密度、迭代强度和资源冲突程度等影响因素有关。[98][99]Wang 等研究了资源约束下多项目调度问题的多优先级规则组合优化。[100]Chen 等研究了随机资源受限项目调度问题(Stochastic Resource-Constrained Project Scheduling Problem,SRCPSP)的 17 种优先级规则探索方法及其判定技术,提出 SRCPSP 的合理性判别取决于优先级规则和活动工期的差异。在复杂产品研发项目运行过程中,资源总量会影响研发项目流程方案的选择,是复杂产品研发项目流程优化需要考虑的一个重要因素。[101]Dixit 等采用基于优先级规则的仿真方法解决了造船项目的空间调度问题。[102]Öner-Közen 与 Minner 对订货型生产系统中优先级排序问题进行了建模,研究了优先顺序对订货型生产系统中订单的准时概率和预期延迟的影响。[103]Chand 等针对资源受限项目调度问题(Resource-Constrained Project Scheduling Problem,RCPSP),提出了一种基于遗传规划的超启发式算法,并将改进的优先级规则与现有优先级规则进行比较,表明新方法的性能明显优于现有优先级规则。[104] Viana 与 Sonsa 应用多目标禁忌搜索和帕累托模拟退火算法解决具有可更新和不可更新资源的资源约束项目调度问题。[105] Berthaut 等构建了考虑活动重叠的资源受限项目调度问题的线性整数优化模型。在复杂产品研发过程中,由于受到众多不确定性因素的影响,各个活动的工期都有可能是不确定的。[106] Creemers、Bruni 等在考虑活动持续时间不确定性的条件下,研究了资源约束条件下的调度问题。[107][108]

当前文献在进行研发项目流程优化时,通常假定活动的工期和成本、活动之间的关系等参数根据专家经验或历史数据获得,然后,在构建研发项目流程运行效果评价模型的基础上,基于智能进化算法进行优化求解。然而,专家估计的数据存在较大的主观性,需要进一步研究复杂产品研发项目流程优化所需参数的准确量化方法。

(二)复杂产品研发项目资源配置优化

研发资源配置优化是通过一定的规则把有限的资源合理分配给各个研发活动,从而能够充分发挥各种资源的效用,保障研发项目的顺利进行。[109] 当前,许多学者围绕研发项目资源配置优化问题进行了深入研究。

复杂产品研发项目过程复杂、不确定性大,需要结合研发项目的运行过程,充分考虑研发项目的复杂性和不确定性,给各个子任务合理分配资源。[110] 研发活动的资源分配会影响研发活动的工期和成本,从而影响整个研发项目的进度,资源分配优化是进度调整的一种有效方法。[66] 本研究的资源为可重复使用的研发资源,由于可重复使用的研发资源可以在多个活动共享并且时间不冲突的条件下重复使用,所以研发资源分配优化问题就是在项目运行过程中资源占用的冲突消解问题。[111] 研发项目资源分配优化的目标通常包括研发工期最短、成本最低、风险最小、资源效率最高等,是典型的多目标优化问题,常用的求解方法包括数学模型求解、智能进化算法等。[112]

　　复杂产品研发项目资源分配问题数学建模是根据所研究问题的特点,以工期、成本、风险、质量等指标作为目标函数,以资源总量、研发活动之间的关系、研发时间节点要求等作为约束条件,构建资源分配问题数学模型。程永波等认为复杂产品研发资源整合包括资源识别、获取、配置等步骤,针对复杂产品研发项目组织中常用的"主制造商—供应商"多主体协同模式,采用数学函数描述资源整合收益,构建资源整合策略模型,并通过数学模型求解确定最优资源投入量。[113] Leus 与 Herroelen 在考虑了活动工期不确定性的条件下,构建了资源分配模型,并采用分支定界算法进行求解。[114] 在产品研发过程中,资源具有异质性,李英姿等在所构建的资源配置模型中考虑了资源的异质性,并考虑了资源切换损失、资源与任务的匹配度等因素。[115] 数学模型方法能够快速地对资源分配问题进行求解,但很多数学模型难以求得精确解。数学建模方法解决的大多是静态资源匹配问题,也就是解决研发资源与研发活动如何静态匹配的问题,难以体现复杂产品研发过程中的资源分配动态过程。

　　随着复杂产品研发项目资源分配问题越来越复杂,越来越难以对其进行数学建模并寻求最优解,而且研发项目资源分配问题大多是NP-Hard 问题,无法求得其精确的最优解。启发式算法可以通过不断地迭代逼近获得满意解,在解决研发项目资源分配问题方面得到了较为广泛的应用。最常用的启发式算法是智能进化算法,包括遗传算法、粒子群算法、禁忌搜索算法、蚁群算法、模拟退火算法等。Xiong 等在资源调度模型中考虑不同资源的效益差异、各个活动的不确定性与时间相互独立等方面,采用多目标进化算法解决了中国卫星系统的资源调度问题。[116] Si 等结合遗传算法和过程仿真进行资源配置优化,基于 Petri 网仿真建模表示业务流程,利用仿真输出对业务流程中的资源配置方案进行评价,并结合遗传算法进行优化。[117] Zhang 等通过相似性、时间、成本等多个目标之间的权衡,对分配给供应链中各节点的候选制造资源进行评价、选择和排序,构造多目标决策数学模型,并基于扩展遗传算法优化求解得到资源分配方案。[118]Lin 与 Chiu 采用粒子群算法进行离散随机资源配置优化,克服了算法在搜索空间中容易陷入局部最优的问题。[119]Shen 等考虑大型软件研发项目中的多种不确定性因素,构建了大规模多目标软件研发项目调度问题的数学模型,并提出了一种协同进化的多目标遗传算法进行求解。[120]Zhang 与 Zhang 构建了一个新产品开发项目团队组建优化模型,并通过多目标粒子群优化算法来搜索最优团队组合方案。[121]Beşikci 等在多项目资源分配问题考虑了各个项目的规定完成时间、活动的可替代资源、资源专用策略等因素,构建了多模式资源约束项目调度问题,并通过遗传算法进行求解。[122]Yoshimura 等针对多项目选择问题构建项目优化系统,该系统通过估计总利润最大化选择最优的项目集,并考虑多种影响因素给选中的项目合理配置人力资源。[123]Certa 等考虑项目质量、团队满意度等多种影响因素,研究了产品研发项目中的人力资源配置问题。[124]

资源可看作是系统或过程需要的一组能力的提供者,并可能随着时间和环境而动态变化,在此基础上,其描述了复杂系统运行过程所需的主体和资源的规范和管理方法。[125]Yi 等针对复杂多目标资源配置问题,构建了多目标数学模型,并使用改进的粒子群算法进行求解。[126]Liu 等为解决多模式资源约束项目调度问题,开发了一种基于列生成的分布式调度算法。[127]Kangaspunta 与 Salo 开发了一个资源消耗水平的分析模型框架,可用于分析哪些主体组合成本效益最大,以及这些主体分配给哪些任务。[128]Guo 等在制造资源聚类模型中考虑了使用成本、交易周期、可信度和资源消耗等因素,使用改进的基于聚类遗传算法进行聚类,研究了成组制造中大型复杂设备的制造资源组合优化问题。[129]Yaghoubi 等把有限能力的动态 PERT 网络中的资源分配问题看作排队论问题进行研究,把排队网络转变为随机网络,以成本最小、时间最短和闲置最少等为目标函数构建多目标规划模型,并在此基础上,进行资源配置优化。当选择不同的活动子集时,项目网络结构会有所不同。[130]Tao与Dong研究了考虑替代项目结构的多模式资源约束的调度问题,并开发了一种混合元启发式算法,有效地解决了该问题。在复杂产品研发项目资源配置过程中,存在着很大的不确定性,例如:工期、成本、返工概率等参数都可能是不确定的,需要研究不确定条件下的研发项目资源配置方法。当前文献主要围绕生产制造过程中不确定条件下的资源分配问题进行了研究。[131]Laslo与Goldberg基于系统动力学方法研究了不确定环境下的复杂项目的资源分配问题。[132]Wang等在活动工期为随机变量的条件下,分析优先级规则的性能,并研究项目特征与优先级规则之间的关联关系。[133]Chakrabortty等采用具有不同概率分布函数的随机变量表示活动工期,研究了不确定活动工期的资源约束项目调度问题。[134]

在项目资源配置优化方面,当前文献主要是针对制造过程中的资源配置问题进行研究,研发项目资源配置方面的研究还相对较少。在研究方法上,当前文献主要是通过数学建模构建研发项目资源配置模型,在此基础上使用解析或启发式方法对数学模型求解。但是,复杂产品研发项目影响因素多、随机性强、网络结构复杂,整个研发项目过程中存在很大的不确定性,所构建的数学模型难以反映不同资源配置方案下的研发项目真实运行效果。需要进一步构建更契合实际的研发项目运行过程仿真模型,通过仿真评估不同资源配置方案下的研发项目运行效果,在此基础上,有机结合仿真模型和智能进化算法进行研发项目资源配置优化。

五、文献评述

综上所述,目前已有学者对研发项目运行过程量化描述、仿真建模、优化控制等问题开展研究,并取得了一定的研究成果。但是,针对复杂产品研发项目进度分析与优化的研究还相对较少,研究的深度与广度尚显不足,关键理论方法与模型尚有待于进一步完善。具体而言尚有以下方面需要进一步深入研究:细化复杂产品研发项目运行效果的影响因素,完善研发项目运行参数的量化模型和方法,合理评估研发项目运行过程中的隐含返工,构建更为精确的复杂产品研发项目运行过程仿真模型;考虑复杂产品研发网络的随机性和动态性,深入研究研发网络关键节点的识别方法;考虑产品研发项目运行过程中的需求变更,深入分析需求变更对研发项目工期、成本等参数的影响;有效结合仿真模型与智能进化算法,科学构建研发项目运行过程优化方法。

第四节　主要内容

本书主要研究复杂产品研发项目运行过程的描述、仿真建模、分析和优化方法。首先,量化描述研发项目运行过程参数,构建基于DSM 的复杂产品研发项目运行过程仿真模型。其次,探索研发项目关键活动识别方法,分析隐含返工、需求变更等因素对研发项目运行过程的影响。最后,研究复杂产品研发项目运行过程优化方法。具体包括以下主要内容。

一、复杂产品研发项目运行过程参数量化

本书考虑复杂产品研发项目运行过程的不确定性,构建研发项目各种运行参数的量化方法,重点研究基于证据推理的研发项目返工参数量化方法。首先,构建返工主要影响因素的结构体系,形成信度规则库中的条件指标框架。其次,根据相似研发项目的历史数据、专家经验等信息对返工影响因素、返工概率进行评价,构造证据推理的信度规则库。最后,基于证据推理方法估计返工参数,并通过实例验证所构建方法的有效性。

二、复杂产品研发项目运行过程描述与仿真建模

本书针对复杂产品研发项目不确定性大、结构复杂、动态性强等特点,采用蒙特卡罗抽样确定各研发活动的工期和成本,考虑研发活动之间的各种关系以及运行过程中的返工迭代、重叠执行、学习效应等因素,基于 DSM 构建研发项目运行过程仿真模型,基于仿真分析研发项目运行过程、评价研发项目运行效果。以某无人机研制任务为例,把所构建仿真模型的输出数据与文献数据进行比较,验证所构建仿真模型的有效性。

三、复杂产品研发项目关键活动识别

本书根据复杂产品研发项目的组织结构和逻辑关系构造研发项目网络模型,通过节点度、介数、聚集系数等指标分析研发网络节点的关键性。基于仿真分析研发活动对研发项目运行效果的影响,评估各个研发活动的超期程度、超支程度、超期次数、超支次数等指标,评价各个研发活动的关键性。在此基础上,结合网络分析和仿真分析综合评价各个研发活动的关键性程度,识别复杂产品研发项目的关键活动。

四、隐含返工对复杂产品研发项目运行过程的影响

本书把返工分为可预测返工和隐含返工,采用不同的方法表示和量化可预测返工与隐含返工。厘清依赖度、成熟度、复杂性、不确定性等因素对研发项目返工的影响机理,构建返工参数与主要影响因素之间的关系模型。通过仿真分析返工类型、返工参数对复杂产品研发项目运行效果的影响机理和影响程度。结合算例,估计研发项目运行过程中的隐含工作量,评价隐含返工对产品研发进度、研发项目运行效果的影响程度。

五、需求变更对复杂产品研发项目运行过程的影响

本书把研发项目分为概念研发、详细设计、试生产等三个阶段,在每个研发阶段主要考虑完成、需求变更、检测、返工等四个活动。分析研发错误、需求变更、信息变更等因素引发返工的原因,揭示需求变更引发返工的影响机理和量化方法。然后,对研发活动、研发活动之间的关系进行量化描述,基于系统动力学方法对研发项目进行仿真建模。在此基础上,结合某产品研发项目实例,从需求变更发生的阶段、需求变更参数取值、隐含返工量等方面量化估计需求变更对研发进度的影响。

六、复杂产品研发项目流程优化

本书在基于 DSM 对复杂产品研发项目进行仿真建模的基础上,将研发项目仿真嵌入到 NSGA-Ⅲ 中,构建基于 NSGA-Ⅲ 的研发流程多目标优化算法。对每个个体对应的研发项目流程进行多次仿真,以仿真输出的平均工期、成本、失败率等作为适应度评价指标,通过运行优化算法获得满意的研发流程集合,并对集合中的每个研发流程进行深入分析和评价。而后,以某无人机研制任务为例进行应用研究,并把优化结果与文献数据进行比较,验证所构建优化方法的有效性和优越性。

七、复杂产品研发项目资源配置优化

本书考虑资源分配量对研发活动工期、成本的影响,分别构建研发活动工期与资源分配量、研发活动成本与资源分配量的数学模型。考虑研发活动工期和成本的波动、返工迭代、随机重叠等多种不确定因素,对不同资源配置方案下的研发项目运行过程进行仿真。以研发项目工期最短、成本最小等为目标函数,基于 MOPSO 算法构建研发项目资源配置的多目标进化算法。最后,通过对某无人机研制任务资

源配置问题进行应用研究,验证所构建方法的科学性和有效性。

八、复杂产品研发流程与资源配置联合优化

本书根据研发资源是否通用,把问题分为两种情况:资源通用情形下研发流程与资源配置联合优化、团队限制情形下研发流程与资源配置联合优化。在资源通用情形下,基于 NSGA-Ⅲ 与 PSO 构建研发项目流程与资源配置联合优化算法,实现研发项目流程和资源配置的联合优化。在团队限制情形下,基于 NSGA-Ⅲ 构建研发项目流程及研发活动承担团队分配优化算法,实现研发项目流程与研发活动承担团队分配方案的联合优化。

第二章 复杂产品研发项目的相关概念及运行参数量化描述

第一节 复杂产品研发项目的相关概念

一、复杂产品研发项目运行过程概述

本章研究在考虑研发活动工期和成本波动、随机返工、随机重叠等多种不确定因素的情形下,如何对研发项目运行参数进行描述和量化表示。某复杂产品研发项目的网络示意图(如图 2.1 所示),图中四边形表示研发活动(内部含有箭线的四边形表示可能会发生自环的研发活动),四边形内的数字表示研发活动编号,实线箭头表示研发活动之间的信息依赖关系,虚线箭头表示研发活动之间存在信息依赖关系且可以重叠执行。由于受到多种因素的影响,复杂产品研发项目的各个研发活动完工所需的工期和成本都存在着较大的不确定性。某研发活动完工引发的后续研发活动也是不确定的,例如,某个研发活动完工可能会引发该研发活动的紧后研发活动开始执行,也可能会引发已完成研发活动的返工,而且其紧后研发活动有可能与该研发活动重叠执行。

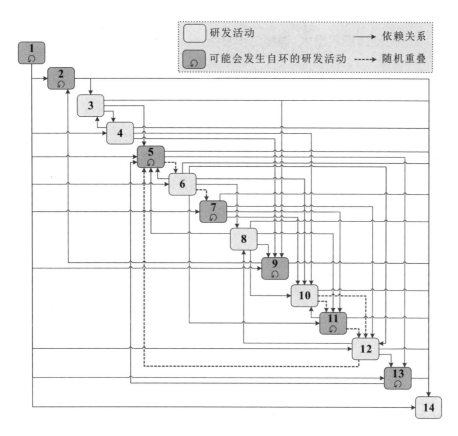

图 2.1 研发项目的网络

二、复杂产品研发项目的特征

复杂产品相对比较复杂、技术含量较高、资金投入量较大，一般是按订单生产，个性化、定制化较强，难以进行大批量生产。复杂产品研发是指通过一系列有目的的探索、试验、论证、制造、测试等工作，得到具有某种功能要求的复杂产品或某些复杂产品的组合。复杂产品研发项目一般具有资源投入量大、周期长、组织结构复杂、技术突破和创新性要求高、不确定性大、复杂性高、风险大等特点。[135][136][137]具体来说，包括以下几个方面。

(一)资源投入量大、调度工作复杂

复杂产品研发过程中涉及的资源有广义和狭义之分:广义资源泛指为复杂产品研发项目提供支持的人力、物力、财力、工具、方法等资源;狭义资源是指人力、物力、财力等资源。复杂产品研发过程涉及的资源种类多,资源需求复杂,为顺利完成复杂产品研发项目,需要在整个研发过程中投入大量的资源。例如:波音 777 研制项目中投入了大约 6500 名员工;商飞 C919 的研制涉及近 20 万名员工,费用预算高达 700 亿元左右;福特 2018 年的研发投入为 80 亿美元。在复杂产品研发项目运行过程中,需要根据研发项目的实时进度,调整研发项目流程,并把资源在合适的时间以合理的方式分配给各个研发活动。

(二)复杂产品研发过程中的不确定性大

复杂产品研发通常需要较大程度的创新或技术突破,研发项目能否完成、完成时间、完成质量等都存在较大的不确定性。复杂产品研发越来越重视个性化、定制化,除了主要研发单位之外,供应商、用户等也会参与研发过程,造成项目的组织、管理过程中不确定性因素增多。此外,复杂产品研发周期长,在研发过程中可能会多次发生需求变更、设计变更、参研人员变更、供应商变更等问题,也会在很大程度上增大复杂产品研发项目的不确定性。例如:波音 777 包含 300 万个零部件,任何一个零部件的研制出现差错,都可能会造成整个研发项目的延期甚至失败。

(三)参研单位众多,组织、调度工作困难

复杂产品研发是一项系统工程,需要许多参研单位共同协作研发。例如,我国的 C919 大飞机研制产业链涵盖国内 200 多家企业;一汽—大众的供应商有 2500 多家。为了保证复杂产品研发项目的顺利完成,需要协调各个参研单位之间的利益冲突关系,对研发项目进行

合理分解和分配,对研发项目流程进行合理规划,保证各个参研单位在研发过程中能够协调一致,缩短研发工期,减少资源浪费。

(四)研发活动之间关系复杂、相互影响

整个复杂产品研发项目包含众多的研发活动,研发活动之间关系复杂,包含串行、并行、耦合、重叠执行等多种关系,此外,还存在许多其他类型的关系约束。整个研发项目具有较强的时间约束,任何参研单位没有按时完成任务都可能会影响整个研发项目的进度,需要对整个研发项目统筹安排,合理规划复杂产品研发项目流程。

(五)研发周期长,容易发生延期

复杂产品研发项目研发周期较长,而且在研发项目运行过程中不确定性因素较多,容易发生研发项目延期。例如:汽车研发周期 5 年左右;空客 A350 研制项目从启动到交付客户的时间长达 9 年;C919 大飞机研制于 2008 年立项,计划 2014 年首飞,但研制进度一再推迟,直到 2017年才实现首飞。在研发项目完成时,政治、经济、市场、技术等很多因素都会发生很大变化,需要在立项阶段充分考虑较长的研发周期给复杂产品需求带来的影响。

(六)直接可用的历史数据很少

复杂产品研发通常不会重复进行,可直接使用的历史数据较少或者没有可直接使用的历史数据,只能参考相关复杂产品的历史数据或仿真数据,难以对研发项目的工期、成本等参数进行准确估计,给研发项目合理规划带来了较大的困难。

三、复杂产品研发项目的分解结构

(一)复杂产品研发项目分解结构的含义

复杂产品研发项目组织规模庞大、结构复杂、时间紧、任务重,需

要把整个研发项目分解为若干个研发活动,并明确各个研发活动的具体工作。工作分解结构(Work Breakdown Structure,WBS)是指根据一定的规则将整个复杂产品研发项目分解为相对独立的工作单元或研发活动,并以此作为研发项目规划、调度、控制等活动的基本单元。为便于复杂产品研发项目的规划、控制、调度等活动,WBS 应能够清晰地反映研发项目的层级结构、研发流程。通过工作分解得到的各个研发活动节点所包含的信息主要为研发活动的编码、名称、工期、成本、资源等。复杂产品研发项目 WBS 的数学模型可用一个六元组表示:

$$WBS = (ID, Name, Duration, Cost, Resource, Relation) \quad (2.1)$$

各个元组的含义分别为:

ID:研发活动节点的编码 id_{mn} 的集合,m 表示该研发活动节点所在的层级,n 表示该研发活动节点在 m 层级的位置编号。

$Name$:研发活动节点的名称。

$Duration$:完成该研发活动节点所需的工期。

$Cost$:完成该研发活动节点所需的成本。

$Resource$:完成该研发活动节点所需的资源。

$Relation$:表示与该研发活动节点存在关联关系的集合,可记为 $r_{mn} = (r1_{mn}, r2_{mn})$,其中 $r1_{mn}$ 为该研发活动节点的紧前研发活动节点集合,$r2_{mn}$ 为该研发活动节点的紧后研发活动节点集合。

(二)研发活动之间的关系

根据是否存在依赖关系,研发活动之间的关系通常可分为独立型、依赖型和耦合型等类型。

1. 独立型

独立型是指复杂产品研发项目的两个研发活动之间不存在信息的依赖或交互。在研发项目运行过程中,两个研发活动可以独立完成,不相互依赖对方的信息。

2.依赖型

依赖型是指两个研发活动之间存在依赖关系,但是只是单方向依赖。例如,存在研发活动 X 和研发活动 Y,研发活动 X 依赖于研发活动 Y 的信息或者研发活动 Y 依赖于研发活动 X 的信息,但是研发活动 X 与研发活动 Y 不相互依赖,这种关系称为单方向依赖。

3.耦合型

耦合型是指两个研发活动之间存在依赖关系,而且彼此依赖对方的信息。例如,存在研发活动 X 和研发活动 Y,研发活动 X 依赖于研发活动 Y 的信息,而且研发活动 Y 依赖于研发活动 X 的信息,这种关系称为耦合相关。

按照复杂产品研发项目运行顺序,研发活动之间的关系可分为串行、并行和重叠等类型:串行是指研发活动 Y 在研发活动 X 完成之后才能开始执行;并行是指研发活动 X 和研发活动 Y 能够同时执行,无先后顺序约束;重叠是指研发活动 Y 为研发活动 X 的紧后研发活动,研发活动 Y 可以在研发活动 X 未完工之前开始执行。

(三)复杂产品研发项目分解的原则和方法

复杂产品研发项目分解的目的是将复杂产品研发项目分解为若干个粒度大小适宜、相互之间的关系相对独立的研发活动。[138]在对复杂产品研发项目进行分解时,主要考虑任务粒度、耦合度等指标。

任务粒度是指任务聚合程度,可有效描述研发活动的相对大小,体现整个复杂产品研发项目的组织规模。若分解得到的研发活动粒度过小、数量过多,则整个研发项目的管理和协调成本较高,而且在研发项目后期研发活动之间的集成成本较高。若分解得到的研发活动粒度较大、数量过少,难以给研发活动分配合适的承担团队或供应商,研发活动难以顺利完成。[139][140]

耦合度用于表示复杂产品研发项目的研发活动之间的相互影响

程度。耦合度主要体现为研发活动之间信息的交互。如果研发活动之间的信息交互过多,则在复杂产品研发项目运行过程中,研发活动承担团队或供应商之间需要频繁沟通交流,导致研发项目运行效率的下降。因此,在研发项目分解过程中,应把耦合度高的研发活动进行合并,减少研发活动之间的信息交互。

在复杂产品研发项目分解过程中,通常需要满足以下几个原则:

(1)分解得到的各个研发活动必须满足一定的功能结构要求,且研发活动粒度不应太大或太小。

(2)研发活动内部包含的各个活动具有较强的相关性,研发活动之间的信息交互相对较少。

(3)保证各个研发活动能够由某一个参研团队或供应商完成。

在复杂产品研发项目分解过程中,需要合理确定研发活动的粒度大小、研发活动之间的耦合度。复杂产品研发项目分解步骤一般包括:

(1)复杂产品研发项目初步分析和分解参数确定。对复杂产品研发项目进行初步分析,明确其基本的功能和结构,并设定合理的研发活动粒度的阈值和研发活动之间耦合度的阈值。

(2)结合复杂产品研发项目的功能和结构进行初步的分解,得到初始任务分解集合 TS_1。

(3)任务类型的判定。确定初始任务分解集合 TS_1 中研发活动的类型,如果研发活动是独立型,则不再继续进行分解;如果研发活动是依赖型或耦合型,则执行步骤(4)。

(4)任务粒度的判定。对依赖型和耦合型的研发活动继续进行分解,直到任务粒度小于任务粒度阈值,得到任务分解集合 TS_2。

(5)耦合度的判定。计算 TS_2 中研发活动之间的耦合度,如果存在研发活动之间的耦合度大于耦合度阈值,则将耦合度较高的研发活动进行合并,直至研发活动之间的耦合度均小于耦合度阈值,返回步骤(4)。如果所有的耦合度均小于耦合度阈值,得到复杂产品研发项目分解集

合 TS_3 。

四、返工的概念及引发返工的原因

返工迭代是指由于技术需要、信息变更、研发错误等原因,造成研发活动在完工之后,部分工作需要完善或修改。在复杂产品研发项目运行过程中,不可避免地会发生返工迭代。返工迭代的可能性大小受到不确定性、复杂性、关键技术成熟度等多种因素的影响。通常来说,研发项目的规模越大、组织结构越复杂、创新性越强、相互关联性越强,在研发过程中所需的返工迭代次数就越多。[141]返工迭代具有积极效果,例如:有利于循序渐进地解决问题、研发活动的完成质量不断提高等。但是返工迭代也会导致很多消极后果,例如:研发项目的工期延长、成本增大、资源消耗数量增加等。[18]

在复杂产品研发项目运行过程中,由于研发活动之间存在耦合、研发活动运行过程中发生信息变动和错误,某些研发活动在完工后不可避免地需要进行返工。[142]引发返工的原因有多种,主要包括需求变更、重叠、耦合、研发错误、信息变更、研发活动集成等。[143]

(一)需求变更引发的返工

由于认知的局限性,在复杂产品研发项目规划阶段通常不能全面考虑所有影响因素,在运行过程中可能会发生需求变更。研发项目包含一定程度的创新,有些内容在研发初期是不明确的,需要多次返工迭代才能逐渐明确。[144]复杂产品研发周期通常较长,在复杂产品研发项目运行过程中,市场需求可能会发生变化。需求变更会导致产品的某些模块的功能要求、技术要求等发生变化,从而导致某些研发活动发生返工。

(二)重叠执行引发的返工

当某些研发活动重叠执行时,由于紧后研发活动开始执行时紧前研发活动还未完工,给紧后研发活动提供的信息存在一定的不确定性,紧后研发活动在完工后需要根据紧前研发活动的信息更新进行一定程度的返工。

(三)耦合引发的返工

某些研发活动之间存在信息的相互依赖,在执行过程中,研发活动之间需要不断地进行信息的交互,会引发研发活动的返工。

(四)错误引发的返工

由于人为因素、组织协调、技术、操作、环境等原因,在复杂产品研发过程中,某些研发活动可能会出现错误。为了修正研发项目中的错误,需要对某些研发活动进行返工。

(五)信息变更引发的返工

在复杂产品研发项目中,通常后续研发活动对前序研发活动存在信息依赖,前序研发活动的信息输出为后续研发活动的输入。当前序研发活动发生信息变更时,会导致后续研发活动发生返工。返工量大小与前序研发活动的返工量、后续研发活动对前序研发活动的信息依赖度、后续研发活动对信息变更的敏感性等因素有关。

(六)集成验证引发的返工

研发活动由各个参研团队分别完成,完工之后需要进行零部件的集成验证,在零部件集成验证的过程中,可能会存在不兼容、不匹配等问题,需要对相应的研发活动进行返工。[145]

五、复杂产品研发项目资源分解及资源冲突

(一)复杂产品研发项目资源分解

复杂产品研发项目资源分解结构(Resource Breakdown

Structure,RBS)是把复杂产品研发所需的资源按照其种类和形式进行层级划分,并把资源分配给研发活动的承担团队或供应商。RBS 将复杂产品研发项目所需的资源进行逐渐细化、分级至不可再分的标准资源要素(资源单元)。通常会把这些标准资源要素转化为统一的标准度量单位,以便于对研发项目的资源进行度量。通过 RBS 将整个研发项目的资源分解成为若干标准资源要素,便于在研发项目规划和运行过程中进行资源的计划、协调和调度。复杂产品研发资源分解结构可以用表2.1 所示的资源分解结构矩阵来描述。

表 2.1　资源分解结构矩阵

研发活动	资源需求量			
	资源 1	资源 2	...	资源 m
研发活动 1	R_{11}	R_{12}	...	R_{1m}
研发活动 2	R_{21}	R_{22}	...	R_{2m}
...	...	...	...	...
研发活动 n	R_{n1}	R_{n2}	...	R_{nm}

RBS 实施过程简单易行,分解得到的资源细分结构明晰,可有效方便管理人员准确掌握整个研发过程所需的全部资源,从而能够合理规划和调度资源。同时,将资源与研发活动对应起来,以根据复杂产品研发项目实际进度合理分配资源,并掌握研发项目的成本结构。

(二)复杂产品研发项目资源冲突

在复杂产品研发项目运行过程中,可用的资源总量是有限的,并不一定能够严格按照数量和时间要求满足每个研发活动的资源需求,通常会存在一定程度的资源冲突。研发活动的实际运行进度可能会与计划进度存在差距,研发活动所需的资源难以进行准确预算和计划,在研发项目运行过程中可能会发生资源冲突。如果给某个研发活动分配的资源量过多,会造成资源在研发过程中闲置浪费,从而导致研发成本增加;如果给某个研发活动分配的资源量过少,会导致该研发活动延期完成。因此,需要确定科学的资源分配规则,按照规则给各个研发活动合理分配资源。

在复杂产品研发项目运行过程中,资源冲突的解决方式主要包括以下几种。

1.资源无限,确保复杂产品研发项目按照工期要求完成

在研发项目运行过程中,完全按照研发项目需求分配资源。对于具有重大价值和意义的复杂产品研发项目,为确保研发项目能够按照工期要求完成,可以不考虑成本,研发项目需要多少资源,就给其分配多少资源,不存在资源限制。

2.资源有限,可适当地给研发项目增加资源

可用的资源总量是有限的,为了使研发项目能够按照工期要求完成,可以适当增加投入研发项目中的资源总量,但资源总量不可以无限制的增加。

3.资源有限,不可增加资源

可用的资源总量是有限的,当研发项目出现进度偏差时,不增加研发项目的可用资源总量,只是在研发项目内部调整给各个研发活动分配的资源量,进而调整各个研发活动的执行速度。

4.利用外部资源

复杂产品研发项目所需的资源投入量巨大,而单个企业可用的资源总量是有限的,往往难以按照计划进度要求完成。此时,可合理利用外部资源,把部分研发活动外包给其他企业的团队或组织。

第二节　复杂产品研发项目运行参数量化描述

构建复杂产品研发项目的仿真模型,需要准确描述各个研发活动

运行参数,厘清研发活动之间的各种关系并通过合理的数学表达式或逻辑表达式对其进行描述。在本章所构建的仿真模型中,描述研发项目运行过程的参数主要包括研发活动的工期和成本、研发活动之间的各种关系、返工迭代参数、重叠执行参数、学习曲线等。在构建仿真模型之前,首先需要准确量化这些参数,保证所构建的仿真模型能够真实反映复杂产品研发项目的运行过程。

一、基于 DSM 的研发项目组织结构描述

矩阵的行数(列数)表示复杂产品研发项目的研发活动个数,DSM 中每行对应的研发活动的完成需要该行中的非零元素所在列对应的研发活动的信息输入。如图 2.2 所示,给定 n 个研发活动构成的复杂产品研发项目,则 DSM 中各个元素 A_{ij} 表示该元素所在行对应的研发活动与该元素所在列对应的研发活动之间的关系。若 $A_{ij} > 0$ 表示该元素所在列对应的研发活动 T_j 输出信息给该元素所在行对应的研发活动 T_i;若 $A_{ij} = 0$,表示该元素所在列对应的研发活动 T_j 不输出信息给该元素所在列对应的研发活动 T_i。各元素的取值定义为:$\mathrm{DSM}_{ij} = 0$:研发活动 T_i 与研发活动 T_j 之间不存在紧前紧后关系;$\mathrm{DSM}_{ij} = 1$:研发活动 T_i 是研发活动 T_j 的紧后研发活动;$\mathrm{DSM}_{ij} = p, p \in (0,1)$:研发活动 T_i 与研发活动 T_j 重叠执行的概率是 p。

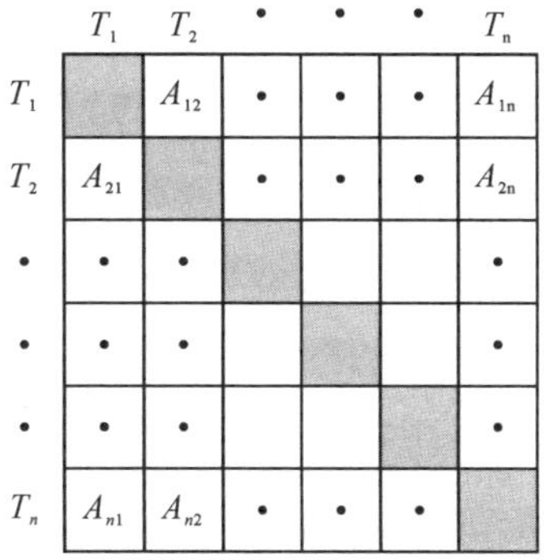

图 2.2　DSM 示意

以两个研发活动为例介绍 DSM 的分类,最基本的分类方式可以将 DSM 分为三类,如图 2.3 所示。

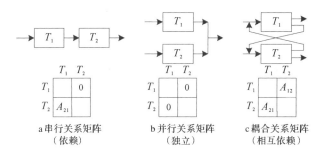

图 2.3　DSM 的分类

(1)串行关系矩阵:研发活动 T_2 需要研发活动 T_1 的输出作为输入才能开始执行,研发活动 T_2 在研发活动 T_1 之后执行。

(2)并行关系矩阵:研发活动 T_1 与研发活动 T_2 之间不存在信息交互,两个研发活动之间相互独立。

(3)耦合关系矩阵:研发活动 T_1 与研发活动 T_2 的输入都需要对方的输出,两个研发活动之间存在信息交互关系。复杂产品研发项目过程中,由于存在众多的不确定性因素,较多的研发活动之间需要反复迭代,耦合关系可能会相对较多,这也是影响复杂产品研发项目进度、成本、风险等的重要因素。

二、研发活动工期、成本的描述

由于多种不确定性因素的存在,难以对研发活动完成所需的工期、成本等进行准确描述,文献中多采用三角分布、β 分布等表示研发活动的工期、成本。三角分布函数仅需要所描述指标的最小值、最可能值、最大值三个参数,表达方式比较简单。复杂产品研发项目直接相关的历史数据相对较少,难以对研发活动的工期、成本进行准确估计,适合采用三角分布对其进行描述。假设某研发活动的最乐观工期为 D_o、最可能工期为 D_m、最悲观工期为 D_p,其工期分布如图 2.4 所示。

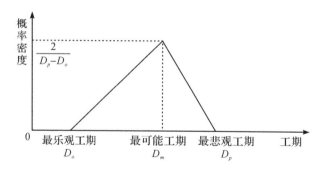

图 2.4　研发活动的工期分布示意

由于研发活动工期在 $[D_0, D_P]$ 之间的概率和为 1，最可能工期 D_m 对应的概率密度为 $\dfrac{2}{D_p - D_o}$。参数 d 表示在复杂产品研发项目运行过程中研发活动的实际工期，该研发活动工期分布的密度函数可表示为：

$$s = f(d) = \begin{cases} \dfrac{2(d - D_o)}{(D_p - D_o)(D_m - D_o)} & D_o \leqslant d \leqslant D_m \\[4mm] \dfrac{2(D_p - d)}{(D_p - D_o)(D_p - D_m)} & D_m < d \leqslant D_p \end{cases}$$

$$(2.2)$$

根据研发活动工期的概率密度函数，可以计算研发活动工期小于等于 d 时所对应的概率 s。

进一步，采用蒙特卡罗方法对研发活动的工期、成本进行抽样。蒙特卡罗方法属于概率分析法，其抽样步骤为：首先，通过随机数发生器产生满足要求的随机数。然后，把随机数作为输入变量，计算其对应的输出变量，得到输出变量的概率分布。

在某次仿真过程中，随机抽取某个研发活动的工期时，产生一个 $(0,1)$ 之间的随机数 s。通过推导可得到研发活动工期分布函数的反函数，即研发活动工期关于概率 s 的函数：

$$d = \varphi(s) = \begin{cases} D_o + \sqrt{(D_p - D_o)(D_m - D_o)s} & s \leqslant \dfrac{D_m - D_o}{D_p - D_o} \\[4mm] D_p - \sqrt{(D_p - D_o)(D_p - D_m)(1-s)} & s > \dfrac{D_m - D_o}{D_p - D_o} \end{cases}$$

$$(2.3)$$

根据该函数,可以通过(0,1)之间的随机数生成对应的研发活动工期。

同样的方法,可构建各个研发活动成本的三角分布函数,基于蒙特卡洛方法随机生成研发活动成本。

三、研发活动返工

在复杂产品研发项目运行过程中,某个研发活动在初次完工后,可能会进行一次或多次的改进、完善,以达到研发要求。引发研发项目返工的原因很多,包括技术需要、需求变更、研发错误、信息变更等。当某个研发活动发生返工时,该研发活动的部分信息会发生变更,可能会进一步引发其他研发活动的返工。研发活动返工的可能性大小及影响程度可分别采用返工概率矩阵和返工影响矩阵进行表示。

(一)返工概率矩阵

返工概率矩阵描述复杂产品研发项目运行过程中研发活动之间引发返工的可能性大小,矩阵中各个元素的值表示返工概率。其元素 RP_{ij} 表示研发活动 j 引发研发活动 i 发生返工的概率,其中 $i,j=1,2,\cdots,n$。研发活动每完成一次返工,产生的新信息减少、存在错误的概率降低,再次发生返工的概率会有所降低。一般来说,复杂产品研发项目越复杂、不确定性越大、研发活动之间的关系越复杂,按照返工要求完成的难度越大,再次发生返工的概率越大,其返工概率降低系数越大;反之,返工概率降低系数越小。在具体实施过程中,可根据研发项目的复杂性和不确定性、研发活动之间关系的复杂性等,结合专家经验给出返工概率降低系数。第 k 次由研发活动 j 引发研发活动 i 发生返工的概率可表示为:

$$RP_{ij}(k)=RP_{ij}(0)\times RPL_{ij}^{k-1} \tag{2.4}$$

式中,$RP_{ij}(0)$ 为研发活动 j 引发研发活动 i 返工的初始返工概率;RPL_{ij} 为研发活动 j 引发研发活动 i 返工的概率降低系数。

(二)返工影响矩阵

当返工发生时,需要一定的时间完成研发活动返工,该时间长度称之为返工影响。随着研发活动返工次数的增加,会对研发活动越来越熟练,而且完成研发活动所需的新信息减少,因此,完成返工所需的时间会随着返工次数的增加而减少。返工影响矩阵表示当发生返工时,对返工研发活动的影响程度,通常以该研发活动的返工工作量占其初次完成所需工作量比例的形式给出。其元素 RI_{ij} 表示研发活动 j 引发研发活动 i 发生返工时,研发活动 i 返工的工作量占其初次完成所需工作量,其中 $i,j=1,2,\cdots,n$。

(三)自环

自环是指研发活动引发自身的返工。在研发项目运行过程中,当某个研发活动完工时,需要对其进行检查验收,确定该研发活动的完成质量是否达到研发要求。如果该研发活动的完成质量达到研发要求,则继续执行后续研发活动;如果该研发活动的完成质量没有达到研发要求,则需要对其进行返工。自环的发生概率和发生时的影响程度是随机的,发生自环的概率、发生时的影响程度可分别在返工概率矩阵、返工影响矩阵的对角线位置进行表示。

返工概率矩阵的对角线元素 RP_{ii} 表示研发活动 i 发生自环的概率,其中:$0 \leqslant RP_{ii} < 1$。RP_{ii} 取 0,表示不会发生自环;RP_{ii} 取 $(0,1)$ 之间的数值,表示以概率 RP_{ii} 发生自环。在返工影响矩阵中,对角线元素 RI_{ii} 表示研发活动 i 发生自环时,完成研发活动 i 返工所需的工作量占其初次执行所需工作量的比例,其中:$0 \leqslant RI_{ii} < 1$。在 $0 < RP_{ii} < 1$ 对应的矩阵位置,RI_{ii} 取 $(0,1)$ 之间的数值。自环可以看作一种特殊的返工,其返工概率、返工影响和返工工作量可采用前文介绍的方法进行表示和计算。

四、学习曲线

通过对研发活动返工,会使研发活动越来越熟练,再次返工所需的工作量通常会逐渐减少。学习曲线表示同一研发活动每重复执行一次所需工作量的减少程度。一般来说,研发活动越复杂,熟练该研发活动的速度越慢,返工执行时所需的工作量越大;反之,返工执行时所需的工作量越少。由于每次返工开始时都需要进行研发活动之间的信息沟通、返工准备等多个活动,返工所需的工作量通常不能非常少,假设某个研发活动返工所需的工作量降低到一定程度后,再次发生返工所需的工作量将不能再降低,为一固定值。研发活动每次返工所需的工作量变化曲线如图 2.5 所示。

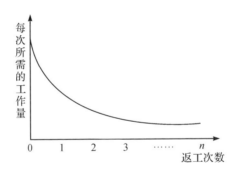

图 2.5　研发活动每次返工所需的工作量变化曲线

研发活动 i 第 k 次返工所需的工期和成本分别可表示为:

$$RD_i(k) = \max\{D_i \times RI_{ij} \times LC_i^k, DL_i\} \tag{2.5}$$

$$RC_i(k) = \max\{C_i \times RI_{ij} \times LC_i^k, CL_i\} \tag{2.6}$$

式中,D_i 为研发活动 i 的工期;C_i 为研发活动 i 的成本;LC_i 表示研发活动 i 返工所需的工作量与其上次完工所需工作量的比值;DL_i 为研发活动发生返工时的最小工期;CL_i 为研发活动 i 发生返工时的最小成本。

五、重叠关系

在复杂产品研发项目运行过程中,为缩短工期,可能会重叠执行某些研发活动。研发活动重叠是指在紧前研发活动未完工之前提前开始执行其紧后研发活动。当发生重叠时,紧前研发活动向紧后研发活动至少进行两次信息传输:在紧后研发活动开始执行时进行信息传输,当紧前研发活动完工时进行信息传输,在重叠执行期间,也可以进行信息的传输。当紧后研发活动开始执行时,紧前研发活动还未完工,其输出的信息还存在一定的不确定性,紧前研发活动完工之后,会把新的信息传递给紧后研发活动,因此,紧后研发活动通常会因为重叠而发生一定程度的返工。研发活动重叠可以用重叠概率、重叠程度、重叠影响程度等参数进行表示。以两个研发活动为例说明研发活动重叠及其影响,如图 2.6 所示。

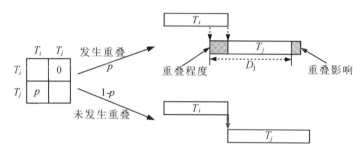

图 2.6　研发活动重叠示意

　　重叠比例矩阵表示研发活动发生重叠时所允许的重叠程度。通常,紧前研发活动开始执行之前紧后研发活动不能开始执行,即紧后研发活动的开始时间要大于紧前研发活动的开始时间。重叠比例矩阵的元素 OR_{ij} 表示当研发活动 i 与研发活动 j 发生重叠时,允许的重叠时间与研发活动 i 工期的比值,其中 $i,j=1,2,\cdots,n$。研发活动 i 与研发活动 j 的重叠量可表示为:

$$OA_{ij}=\min\{D_i\times OR_{ij},D_j\} \tag{2.7}$$

　　重叠影响矩阵表示由于研发活动重叠执行引发的重叠返工量多少。当研发活动重叠执行时,重叠影响程度通常与重叠量的多少有关。重叠影响矩阵的元素 OI_{ij} 表示当研发活动 i 与研发活动 j 发生重叠时,重叠返工量与重叠量的比值,其中 $i,j=1,2,\cdots,n$。此时,研发

活动 i 与研发活动 j 的重叠返工量为：

$$RW_{ij} = OA_{ij} \times OI_{ij} \qquad (2.8)$$

假设研发活动成本随着其工期线性增加，当发生重叠时，研发活动 i 的实际工期 AD_i 和实际成本 AC_i 分别可表示为：

$$AD_i = D_i + RW_{ij} \qquad (2.9)$$

$$AC_i = C_i \times \left(1 + \frac{RW_{ij}}{D_i}\right) \qquad (2.10)$$

研发活动重叠是把紧后研发活动提前开始与紧前研发活动进行并行执行，因此在进行研发活动重叠条件判断时，首先以一定的概率确定重叠是否发生，然后再判断资源约束条件是否满足。只有重叠概率和资源约束两个条件都满足时，才能重叠执行研发活动。

复杂产品研发项目包含众多研发活动，研发活动之间存在着串行、并行、耦合和重叠等多种关系，研发项目网络也更加复杂。DSM 采用方阵表示复杂产品研发项目中的研发活动之间的各种关系，使用 DSM 能够有效地对复杂产品研发项目进行描述、建模。

六、复杂性度量

复杂产品研发项目的复杂性与研发项目网络的拓扑结构、研发活动的复杂性、研发活动之间的关系复杂性等多种因素有关。一般来说，复杂产品研发项目的规模庞大，其网络的拓扑结构复杂，包含的研发活动数量众多，研发活动之间的关系非常复杂，难以直接衡量复杂产品研发项目的复杂度，通常只是对研发活动的复杂性水平、研发活动之间关系的复杂性水平分别进行衡量，以此反映复杂产品研发项目的复杂性水平。

研发活动的复杂度可以用于衡量该研发活动的复杂性水平，研发活动包含的活动（节点）数量越多，各个活动之间的约束（边）越多，其复杂性水平越高。研发活动的复杂度可以表示为：

$$C = \frac{4A' - 4N + 4}{(N-2)^2} \qquad (2.11)$$

式中：A' 为研发活动内部的非冗余边数；N 为节点（活动）个数。

该公式仅可以计算单个研发活动的复杂度，在整个研发项目网络中，由于其网络结构和研发活动之间的关系更加复杂，不能直接用该公式计算其网络复杂度。研发活动之间关系的密切程度可以根据研发活动之间的协作配合程度、相互信息传播量、信息相互依赖程度等因素进行评价。可用向量 $C = \{C_1, C_2, \cdots, C_L\}$ 表示整个复杂产品研发项目的复杂性水平。

七、研发活动失败

在复杂产品研发项目运行过程中，研发活动会存在着失败的风险。通常情况下，研发活动失败的概率会随着其返工次数的增加而降低，研发活动 i 失败的概率为：

$$FP_i(k) = FP_i(0) \times FPL_i^{k-1} \tag{2.12}$$

式中，k 为研发活动 i 的执行次数；$FP_i(0)$ 为研发活动 i 的初始失败概率；FPL_i 为研发活动 i 的失败概率降低系数。

第三章　基于证据推理的复杂产品研发项目返工参数量化

　　复杂产品研发是一项系统工程,并具有一定的探索性。随着复杂产品功能、技术要求的提高,研发项目的复杂性在不断增大。不确定性、风险和返工等因素的影响使得复杂产品研发项目按期完成非常困难。[146]在研发项目运行过程中,信息、技术、参数等都存在一定的不确定性,导致某些研发活动可能需要多次返工才能完成。复杂产品研发过程中的返工迭代是指由于信息变更、耦合、研发错误等原因导致的研发活动在完工之后需要修正、改进、完善。返工迭代会造成研发项目的工期延长、成本增加、风险增大、资源消耗量增加,为科学制定研发项目运行过程,需要对返工参数进行量化分析。

　　返工迭代的主要原因包括:由于人们认知的局限性,研发者不能考虑到所有的影响因素;在研发项目运行过程中,经常会由于一些难以预测的原因导致研发活动不能按照计划完成,必须不断对其技术要求或功能参数进行调整;研发项目开始运行时有些内容是不明确的,需要通过多次的迭代才能逐渐明确。[147]此外,研发项目包含众多研发活动,在后期阶段的研发活动集成验证过程中,可能会发现许多问题,需要进行返工迭代。[18]通常来说,研发项目的规模越大、创新性越强、相互关联性越强,所需的返工迭代工作量就越大。返工迭代可以循序渐进地解决问题,提高研发项目的完成质量,但是返工迭代会增加工期和成本。[148]可采用返工概率、返工长度、返工数量、学习效应等参数表征复杂产品研发的不确定性。[149]

返工量化是研发项目分析和优化的重要基础工作。研发活动之间的信息依赖程度是研发项目返工量化的重要依据,信息依赖程度与各个研发活动所负责的部件、功能等密切相关。通过研发过程的演化特性、上下游之间的依赖关系及技术特征等方面的量化分析可确定返工概率。[150]基于DSM可进行元素之间依赖关系的结构化建模,进而分析研发活动之间的依赖关系、返工迭代、流程优化等问题。[15][151][152]返工概率通常是由专家经验给出,存在主观性大、不准确等问题。基于证据推理(Evidential Reasoning,ER)方法的置信规则库(Belief-Rule-Base,BRB)推理方法,是在if-then规则库、D-S证据理论和决策理论等基础上发展起来的,能够有效地对具有概率不确定性、非线性特征的数据进行建模,[153][154]不仅能够很好地处理定量知识,而且能够有效地利用专家经验等定性知识。[155]在新产品设计方案评估过程中,需要考虑工期、成本、质量和可靠性等多种指标,这些指标受到研发活动工期、成本、失败率、返工迭代、重叠等多种因素的影响,由于可获得的数据量有限、影响关系复杂等原因,采用传统方法难以对其进行估计,而采用证据推理能够较好地处理不确定和不完整的数据。[156]

当前文献主要是以研发活动之间的信息依赖强度作为返工量化的依据,对返工的形成原因及返工对研发项目运行效果的影响进行了分析。但是,返工概率不但会受到信息依赖强度的影响,同时会受到信息变动、错误率、敏感性等多种因素的影响,只考虑依赖强度难以对其进行准确描述和量化,如何有效融合研发项目的多源数据进行返工量化是当前研究的一大难题。本章在全面分析返工影响因素的基础上,采用证据推理方法解决返工量化问题,能够综合考虑返工的多种影响因素,有效融合多源数据,在数据量较少情形下对返工概率进行有效估计。

第一节　复杂产品研发项目返工的影响因素

在复杂产品研发项目运行过程中,返工概率受到发生返工的研发活动的鲁棒性、引发返工的研发活动输出信息的稳定性、研发活动之间信息依赖程度等因素的影响。其中,信息依赖程度主要包括功能依赖度和部件依赖度;研发活动鲁棒性会受到敏感性、关键技术成熟度、复杂性等因素的影响;研发活动输出信息的稳定性会受到不确定性、关键技术成熟度、复杂性等因素的影响。影响复杂产品研发项目返工的主要因素如图 3.1 所示。

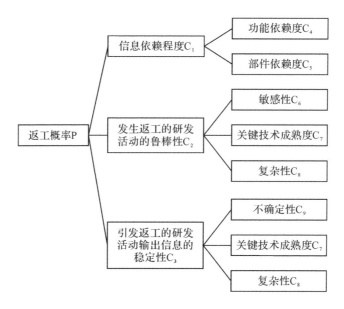

图 3.1　复杂产品研发项目返工的主要影响因素

一、研发活动之间的信息依赖程度

信息依赖程度是指在研发项目运行过程中研发活动对另一研发

活动输出信息的依赖程度。研发活动之间的依赖关系主要为数据和信息依赖、技术支持等,信息依赖程度与研发活动所完成的功能、部件等密切相关。

　　某研发活动对另一研发活动的信息依赖程度可通过功能、部件等方面的依赖程度推导计算。[28]研发活动对研发活动的信息依赖程度越高,研发活动发生变更时引发研发活动发生返工的概率越大。信息依赖程度用[0,1]之间的数值来进行表示。如果研发活动对研发活动的信息依赖程度为0,表示研发活动完全不依赖于研发活动的信息,则研发活动发生变更时不会引发研发活动返工。

二、研发活动的鲁棒性

　　鲁棒性表示系统承受不确定性影响的能力。[157]研发活动的鲁棒性是指当输入信息发生变更或者外界环境发生变化时,仍能在计划工期、成本、风险要求的范围内按照技术和功能参数完成的能力。研发活动的鲁棒性受到敏感性、关键技术成熟度、复杂性等因素的影响。

(一)敏感性

　　研发活动的敏感性是指当某些输入参数或外界条件发生变动时,对该研发活动的影响程度。研发活动的敏感性越高,说明该研发活动对信息变动越敏感,当输入信息发生变动时,研发活动发生返工的概率越大。

(二)关键技术成熟度

　　技术成熟度(Technology Readiness Level,TRL)是指技术相对于某研发活动的研发目标而言所处的发展状态,反映了技术对于预期研发目标的满足程度。[158]某些研发活动所用的关键技术可能还不是十分成熟,可能会导致研发项目返工,某研发活动使用关键技术的 TRL

越低,该研发活动发生返工的可能性越大。

(三)复杂性

复杂性为研发项目或研发活动中要素之间的差异性与相关性。复杂产品研发项目中主要包括技术、组织、内容、目标、环境等方面的复杂性。[159]随着复杂产品研发项目复杂性的增大,不断会有新事物(或特性)涌现出来,导致研发活动返工的可能性增大。复杂性越高,外界条件或输入信息变动对研发活动的影响程度越大,研发活动发生返工的可能性也就越大。

三、研发活动输出信息的稳定性

研发活动输出信息的稳定性用于衡量输出信息的变动概率和变动程度的大小。研发活动输出信息的稳定性越好,其输出信息的变动概率及变动程度越小。研发活动输出信息的稳定性受到不确定性、关键技术成熟度、复杂性等多个因素的影响。

(一)不确定性

不确定性是指由于不能或者没有完全准确掌握研发活动的全部信息,不能对影响研发活动返工的某些因素、参数等进行准确预测。不确定性反映了客观事物与人们主观认识之间的一种差距,掌握的信息越充分,不确定性程度越低。[160]复杂产品研发项目可使用的历史数据相对较少,使其具有较高的不确定性。通常,复杂产品研发项目的不确定性越大,输出信息发生变更的可能性越大,引发依赖其输出信息的研发活动发生返工的可能性越大。

(二)关键技术成熟度

在研发项目开始运行时,有些关键技术的内在机理或实践应用还不是十分成熟,随着研发项目的进行,这些关键技术可能会发生变动,导致使用该关键技术的研发活动的输出信息发生变更。通常情况下,研发活动中使用的关键技术的技术成熟度越高,研发活动输出信息的稳定性越强。

(三)复杂性

研发活动的复杂性会对其输出信息的稳定性产生一定程度的影响。一般情况下,研发活动的复杂性越高,在研发过程中遇到的问题越多,研发活动完成的难度越大,出现信息变更的可能性也就越大,输出的信息越不稳定。

第二节　复杂产品研发项目返工概率估计方法

复杂产品研发项目返工概率估计是通过一定的方法估计某一研发活动引发另一研发活动返工的可能性大小。证据推理方法可对模糊数据、概率型数据、主观数据等进行建模和分析。通过证据推理能够充分利用返工影响因素的各种不确定信息估计返工概率。在进行返工概率估计时,要求返工概率的影响因素指标是可测的,至少可依据专家经验进行评价。研发项目返工概率量化估计方法包含四个步骤:构造信度结构规则库、输入数据转换、匹配程度计算及基于 D-S 理论合成的规则聚合。

一、构造信度结构规则库

在进行研发项目返工概率评估之前,需要将评价准则、专家经验、历史数据等相关信息用统一的框架进行表示,用于构建规则库。规则库由若干"if...then..."形式的规则组成，其中"if..."是前提项，"then..."是相应前提所导致的结论。每条规则的结论具有信度结构（Belief Structure），信度能够很好地刻画规则的不确定性。通常，在带有信度结构的研发项目返工概率评估规则库中，规则可表示为：

$$R_k: if\ A_1^k \wedge A_2^k \wedge \cdots \wedge A_{T_k}^k, then\{(r_1,\beta_{1k}),(r_2,\beta_{2k}),\cdots,(r_L,\beta_{Lk})\} \quad (3.1)$$

式中，k 为规则编号；R_k 表示第 k 条规则；A_i^k 表示第 k 条规则的第 i 个前提条件；β_{lk} 表示在第 k 条规则中，当规则的前提条件成立时，结论 l 为 r_l 的信度。如果 $\sum_{l=1}^{L}\beta_{lk}=1$，称该条规则的信息是完全的；如果 $\sum_{l=1}^{L}\beta_{lk}<1$，表示对输出结果部分可知。

二、输入数据转换

研发项目返工概率评估规则库中，信度结构由数值和信度两部分组成，与返工概率影响因素对应的信度结构输入方式为：

$$\{(x_1,\varepsilon_1),(x_2,\varepsilon_2),\cdots,(x_I,\varepsilon_I)\} \quad (3.2)$$

式中，x_i 表示返工概率影响因素的底层指标的输入值；ε_i 是输入值 x_i 的信度。

匹配度计算，就是计算一组输入与已建立的规则库中各条规则的匹配程度。可计算输入项与规则前提项的匹配度：

$$T(x_i,\varepsilon_i)=\{(A_{ij},\alpha_{ij}),i=1,2,\cdots I; j=1,2,\cdots|A_i|\} \quad (3.3)$$

$$\alpha_{ij}=\frac{\varphi(x_i,A_{ij})\varepsilon_i}{\sum_{j=1}^{|A_i|}\varphi(x_i,A_{ij})} \quad (3.4)$$

式中，α_{ij} 表示输入值 x_i 对规则前提项 A_{ij} 的匹配度，$\alpha_{ij}\in[0,1]$；$\varphi(x_i,A_{ij})$ 为相似函数，表示 x_i 与 A_{ij} 的相似程度。

三、匹配程度计算

在复杂产品研发项目返工概率评估过程中，规则的前提条件可分为两种情况：所有的前提条件都是用"∧"连接；所有的前提条件都是用"∨"连接。如果在某条规则中同时出现两种逻辑符号，可通过逻辑数学方法将该条规则拆分成多条只包含一种逻辑符号的形式。

如果前提项用逻辑连接符"∧"连接，则输入对第 k 条规则的匹配程度为：

$$\alpha_k = \prod_{i=1}^{T_k} (\alpha_i^k)^{\bar{\delta}_k} \qquad (3.5)$$

其中，

$$\delta_{ki} = \frac{\delta_{ki}}{\max_i \{\delta_{ki}\}} \qquad (3.6)$$

式中，α_k 表示输入对第 k 条规则的匹配程度；$\bar{\delta}_{ki}$ 表示第 k 条规则的前提项 A_i^k 的相对权重，$\bar{\delta}_{ki} \in [0,1]$；$\alpha_i^k$ 表示输入对第 k 条规则的前提项 A_i^k 的匹配程度，$\alpha_i^k \in [0,1]$；$\alpha_k \leqslant \min_{i=1,2,\ldots T_k} \{\alpha_i^k\}$。

如果前提项用逻辑连接符"∨"连接，则输入对第 k 条规则的匹配程度为：

$$\begin{aligned}
h_j^k &= \delta_{kj} \times \alpha_j^k \\
\alpha_{k(1)} &= h_1^k = \delta_{k1} \times \alpha_1^k \\
\alpha_{k(i+1)} &= \alpha_{k(i)} + [1 - \alpha_{k(i)}] h_{i+1}^k \\
\alpha_k &= \alpha_{k(T_k)}
\end{aligned} \qquad (3.7)$$

式中，h_i^k 表示规则 k 前提项 A_i^k 的相对匹配程度；$i = 1,2,\cdots,T_k - 1$；$j = 1,2,\cdots,T_k$。

信度规则的激活程度是指输入数据激活每条规则的程度，其计算公式如下：

$$\omega_k = \frac{\theta_k \alpha_k}{\sum_{i=1}^{L} \theta_i \alpha_i} \qquad (3.8)$$

式中，ω_k 为第 k 条规则的激活度；θ_k 为规则库中第 k 条规则的相对权重。

输入数据与规则的匹配度越高,则规则的激活度越高。激活度是规则合成过程中规则的相对权重,激活度越高,权重越大。

四、基于 D-S 理论合成的规则聚合

采用证据推理的方法进行指标的聚合,其实质是由下一层返工概率影响因素指标的满足程度推导上一层返工概率影响因素的满足程度的分布函数。基本可信数的构造方式为:

$$m_{l,k} = \omega_k \bar{\beta}_{l,k}, \qquad l=1,2,\cdots,L; k=1,2,\cdots,K$$

$$m_{R,k} = 1 - \omega_k \sum_{l=1}^{L} \bar{\beta}_{l,k}$$

$$\bar{m}_{R,k} = 1 - \omega_k \tag{3.9}$$

$$\tilde{m}_{R,k} = \omega_k \left(1 - \sum_{l=1}^{L} \bar{\beta}_{l,k}\right)$$

$$m_{R,k} = \bar{m}_{R,k} + \tilde{m}_{R,k}$$

式中,$m_{l,k}$ 为第 k 条规则第 l 个结论的基本可信数;$m_{R,k}$ 为第 k 条规则的不确定程度;$\bar{m}_{R,k}$ 为与权重 ω_k 有关的不确定性;$\tilde{m}_{R,k}$ 为由不完备引起的不确定性。

将输入激活的多条规则进行融合。假设前 S 条规则被激活,其聚合规则表达式为:

$$m_l = \kappa \left[\prod_{k=1}^{K} (m_{l,k} + \bar{m}_{R,k} + \tilde{m}_{R,k}) - \prod_{k=1}^{K} (\bar{m}_{R,k} + \tilde{m}_{R,k}) \right], l=1,2,\cdots,L$$

$$\tilde{m}_R = \kappa \left[\prod_{k=1}^{K} (\bar{m}_{R,k} + \tilde{m}_{R,k}) - \prod_{k=1}^{K} \bar{m}_{R,k} \right] \tag{3.10}$$

$$\bar{m}_R = \kappa \left[\prod_{k=1}^{K} \bar{m}_{R,k} \right]$$

$$\kappa = \left[\sum_{l=1}^{L} \prod_{k=1}^{K} (m_{l,k} + \bar{m}_{R,k} + \bar{m}_{R,k}) - (L-1) \prod_{k=1}^{K} (\bar{m}_{R,k} + \tilde{m}_{R,k}) \right]^{-1}$$

式中,m_l 为结论 l 所分配的基本可信数;$\bar{m}_R$ 表示由权重引起的不确定性;$\tilde{m}_R$ 表示由信息不完备引起的不确定性。

$$\beta_l = \frac{m_l}{1 - \bar{m}_R}, l = 1, 2, \cdots, L \tag{3.11}$$

$$\beta_R = \frac{\tilde{m}_R}{1 - \bar{m}_R} \tag{3.12}$$

式中，β_l 表示由输入值得到结论 l 的基本可信数为 m_l 的信度；β_R 表示结果的不确定度量。

第三节 示例研究

以某无人机研制任务为例进行示例研究，该无人机研制任务包含方案论证、初步设计方案配置、确立初步结构、开发结构设计参数、初步制造计划分析、生成阶段报告等六项研发活动。该无人机研制任务返工的主要影响因素包括：鲁棒性、输出信息的稳定性、信息依赖程度。其中，鲁棒性受到敏感性、关键技术成熟度、复杂性等因素的影响；输出信息的稳定性受到不确定性、关键技术成熟度、复杂性等因素的影响；信息依赖程度可由功能依赖程度和部件依赖程度推导计算。在无人机研制任务中，使用的技术较为成熟，一般关键技术成熟度不低于 6，假设无人机研制任务中采用关键技术的成熟度为 6、7、8、9 四个等级。

无人机研制任务返工概率大小分为大、中、小、0 等四个等级。在返工可能性估计过程中，所构建的规则库中返工可能性大小影响因素及其取值范围如表 3.1 所示。敏感性、关键技术成熟度、复杂性、不确定性等评价指标取值的概率分布如表 3.2 所示。信息依赖程度可通过功能依赖程度、部件依赖程度进行推导计算，计算结果如图 3.2 所示。假设规则库中的各条规则的权重相等，各条规则的前提条件的相对权重也相等，即 $\theta_k = \theta_l (l \neq k, l, k = 1, 2, \cdots, K)$，$\delta_{k1} = \delta_{k2} = \cdots = \delta_{kTk}$。

表 3.1　规则库中返工概率影响因素的取值范围

指标名称	取值范围
返工概率	（大，中，小，0）
信息依赖程度	（0.0,0.1,0.3,0.5,0.7,0.9,1.0）
鲁棒性	（强，中，弱）
输出信息的稳定性	（强，中，弱）
敏感性	（高，中，低）
关键技术成熟度	（6,7,8,9）
复杂性	（高，中，低）
不确定性	（高，中，低）

表 3.2　各个因素取值的概率分布

任务	敏感性			关键技术成熟度	复杂性			不确定性		
	低	中	高		低	中	高	低	中	高
A	0.9	0.1	0.0	8.7	0.2	0.6	0.2	0.8	0.2	0.0
B	0.2	0.7	0.1	8.0	0.7	0.3	0.0	0.3	0.5	0.2
C	0.3	0.5	0.2	8.6	0.0	0.2	0.8	0.2	0.6	0.2
D	0.1	0.1	0.8	6.2	0.1	0.8	0.1	0.1	0.7	0.2
E	0.3	0.4	0.3	6.9	0.7	0.2	0.1	0.0	0.1	0.9
F	0.1	0.7	0.2	8.8	0.6	0.3	0.1	0.8	0.2	0.0

任务	A	B	C	D	E	F
A						
B	0.6			0.2		
C					0.3	
D	0.2		0.5			
E		0.3		0.7		
F	0.2		0.4		0.6	

图 3.2　信息依赖程度

　　根据收集的该无人机研制的相关数据,构建无人机研制任务返工可能性大小评估规则库、鲁棒性评估规则库、输出信息的稳定性评估规则库。基于证据推理可以计算研制任务返工概率。在计算过程中,首先考虑敏感性、关键技术成熟度、复杂性等影响因素，基于证据推理推导计算各个研发活动的鲁棒性。其次，考虑不确定性、关键技术成熟度、复杂性等影响因素，基于证据推理计算各个研发活动输出信息的稳定性。最后，根据信息依赖程度、鲁棒性、输出信息的稳定性等指标，基于证据推理计算返工概率。

以研发活动 F 引发研发活动 E 发生返工的可能性大小估计过程为例进行介绍：研发活动 E 对研发活动 F 的信息依赖程度为 $C_6=(0.6,1)$。影响研发活动 E 的鲁棒性的各个参数分别为：$\{C_6=(低,0.3)(中,0.4)(高,0.3), C_7=(6.9,1), C_8=(低,0.7)(中,0.2)(高,0.1)\}$，可以计算研发活动 E 的鲁棒性为 $C_2(强,中,弱)=(0.44,0.30,0.26)$。影响研发活动 F 输出信息的稳定性的各个参数分别为：$\{C_9=(低,0.8)(中,0.2)(高,0), C_7=(8.8,1), C_8=(低,0.6)(中,0.3)(高,0.1)\}$，可以计算研发活动 F 输出信息的稳定性为 $C_3(强,中,弱)=(0.88,0.09,0.03)$。根据研发活动 E 对研发活动 F 的信息依赖程度、研发活动 E 的鲁棒性、研发活动 F 输出信息的稳定性，计算研发活动 F 引发研发活动 E 发生返工的概率分布为 $P(大,中,小,0)=(0.14,0.25,0.51,0.09)$。

通过证据推理方法，分别计算研发活动之间引发返工的概率分布，计算结果如图 3.3 所示。表中括号内的 4 个数字为返工可能性，分别为大、中、小和 0 的概率，没有填数字的格表示发生返工的概率为 0。

研发活动	A	B	C	D	E	F
A						
B	(0.10,0.22, 0.44,0.24)			(0.00,0.00, 0.34,0.66)		
C					(0.00,0.01, 0.51,0.48)	
D	(0.00,0.00, 0.38,0.62)		(0.11,0.40, 0.44,0.05)			
E		(0.00,0.00, 0.41,0.59)		(0.26,0.36, 0.35,0.03)		
F	(0.00,0.00, 0.22,0.78)		(0.04,0.08, 0.52,0.36)		(0.14,0.25, 0.51,0.09)	

图 3.3　研发项目返工概率分布

为了后续估计研发项目工期和成本方便,也可以通过一定的方式把得到的返工可能性分布转化为具体的概率值。如令返工可能性大对应的返工概率值为 0.9、返工可能性中对应的返工概率值为 0.6、返工可能性小对应的返工概率值为 0.3、返工可能性为 0 对应的返工概率值为 0,可以将各个单元格中的返工可能性分布转化为返工概率。例如研发活动 D 引发研发活动 B 发生返工的概率为 $RP_{BD} = 0.9 \times 0 + 0.6 \times 0 + 0.3 \times 0.34 + 0 \times 0.66 = 0.10$,研发活动 F 引发研发活动 E 发生返工的概率为 $RP_{FE} = 0.9 \times 0.14 + 0.6 \times 0.25 + 0.3 \times 0.51 + 0 \times 0.09 = 0.43$。

第四节　本章小结

返工概率量化是复杂产品研发项目分析、优化的重要基础工作,传统方法主要由专家根据经验给出或者根据信息依赖程度进行量化估计,存在着主观性大、考虑因素过于单一等问题。在分析研发项目返工概率影响因素的基础上,选取影响返工概率的主要影响因素:信息依赖程度、鲁棒性、输出信息的稳定性。在此基础上,基于证据推理估计某一研发活动引发另一研发活动发生返工的概率,能够更科学地量化返工概率。该方法以客观数据或信息为依据,增强了返工概率量化结果的合理性、准确性,为返工参数量化估计提供了新的技术途径。通过本章所构建方法,可以根据相似研发活动的历史数据、专家经验等信息对返工概率进行有效量化,数据来源更为广泛,解决了返工量化时可直接使用的历史数据少的问题。

第四章　基于 DSM 的复杂产品研发项目运行过程仿真建模

第一节　问题描述

一般来说,复杂产品研发项目可参考的历史数据、信息较少,没有相同的成功案例可供借鉴,其研发过程的不确定性更大。由于受到多种因素的影响,各个研发活动完工所需的工期和成本会在一定范围内波动。某研发活动完工引发的后续研发活动及其执行方式是不确定的,例如,某研发活动完工可能会引发自身返工或其他若干研发活动的返工,也可能引发其紧后研发活动的执行,而且其后续研发活动可能是重叠或非重叠执行。各个研发活动会存在一定的随机失败风险。在整个研发项目运行过程中,资源是有限的,研发活动之间可能会存在资源冲突。由于研发项目运行过程的复杂性高和不确定性大,难以用数学模型建模求解分析,为对整个研发项目运行过程进行深入分析、优化,科学描述各个研发活动工期、成本及研发活动之间关系的不确定性,采用离散事件仿真建模的方法对研发项目运行过程进行仿真。通过仿真,能够更直观地表示研发项目运行过程中研发活动的工期和成本的不确定性、研发活动之间的各种关系以及运行过程中的返工迭代、重叠、失败、学习效应等,在此基础上,有效估计整个研发项目的工期、成本等运行效果指标,深入分析各影响因素的作用机制。

第二节　离散事件系统仿真

一、基本概念

离散事件系统是指由系统中的事件驱动、系统的状态呈跳跃式变化的动态系统。[161]使用计算机对离散事件系统进行仿真实验的方法称为离散事件系统仿真。[163]复杂产品研发项目运行过程中,由研发活动完工引发研发项目的未完工量、可执行状态等状态的演化,是一个典型的离散事件系统,可采用离散事件系统仿真对其进行仿真建模。离散事件系统仿真模型主要包括如下几个基本元素。[162]

(一)实体

用于描述离散事件系统的构成元素或成分,可分为永久实体和临时实体。在复杂产品研发项目仿真模型中,研发活动为临时实体,参研团队为永久实体。

(二)属性

用于描述仿真模型中与研究目的有关实体的特征、性质。

(三)状态

用于描述仿真过程中某一时间点的系统中所有实体属性、活动的集合。研发项目仿真模型中某个研发活动的状态可以划分为等待执行、正在执行等状态。

(四)事件

事件是引发系统状态变化的瞬间行为。研发项目仿真模型中研发活动开始排队、开始执行、完成等均为事件。

(五)活动

占用资源并使系统保持某一状态的持续过程。在研发项目仿真模型中,研发活动执行为仿真模型的活动。

(六)进程

进程通常包含多个事件和活动,是由若干个具有时序关系或逻辑关系的事件和活动组成的序列。研发项目仿真模型中的进程如图 4.1 所示,研发活动开始排队、排队、开始执行、执行、完成等事件和活动组成的序列称为进程。

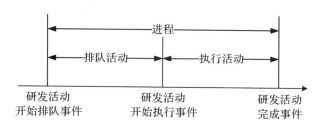

图 4.1　研发项目仿真模型中的进程

(七)队列

队列是指处于等待的实体序列。在研发项目运行过程中,由于资源约束,可能会造成多个研发活动排队等待,构成一个等待队列。

(八)仿真时钟

仿真时钟用于表示仿真模型中时间的变化,作为仿真过程的时序控制。

二、仿真时钟推进方法

仿真时钟用于推进离散系统仿真模型的运行,是仿真的时间控制部件。仿真时钟推进方法主要包括面向事件的、面向时间间隔的仿真时钟推进方法。

(一)面向事件的仿真时钟推进方法

面向事件的仿真时钟推进方法又称为事件调度法。在仿真运行过程中,不断地查找或计算下一个发生的事件及其发生时间,由下一个事件推进仿真时钟的运行。当某一事件发生时,将仿真时钟推进到该事件的发生时刻,记录当前时刻和相关的系统信息,完成系统中各个后续活动和状态的信息更新和转变,并查找或计算该事件的各个直接后续事件的发生时刻,建立未来事件表。在未来事件表中选择最早发生的事件,查找并记录该事件发生的时刻,将仿真时钟推进到该时刻。不断地重复上述仿真步骤,直到系统仿真满足预先设定的终止条件,仿真结束。事件调度法的仿真过程中,仿真时钟通常是以不等的时间间隔推进仿真运行。其仿真流程如图 4.2 所示。

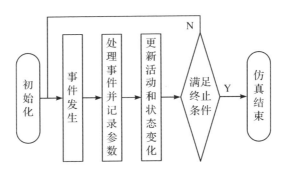

图 4.2　面向事件的仿真时钟推进方法的流程

(二)面向时间间隔的仿真时钟推进方法

该方法以固定的时间增量推进系统仿真的运行。该模式下,首先需要确定一个合适的时间单位作为仿真时钟的固定时间增量。仿真开始运行后,按照固定时间增量推进仿真时钟,并扫描固定时间增量范围内的所有活动,检查该时间段是否有事件发生。如果有事件发生,记录有关事件的时间参数,更新系统中活动和状态的变化,继续以固定时间增量推进仿真时钟;如果没有事件发生,直接以固定时间增量推进系统的仿真时钟运行。直到达到仿真运行的规定结束时间或者满足仿真终止判定条件,一次仿真结束。其仿真流程如图 4.3所示。

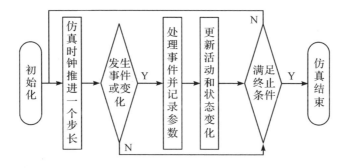

图 4.3　面向时间间隔的仿真时钟推进方法的流程

通常,面向时间间隔的仿真时钟推进方法难以确定其时间间隔,如果时间间隔过大,则仿真误差较大;如果时间间隔过小,则会增加仿真运行时间。因此,在进行离散事件系统仿真建模时,多数采用事件调度法进行仿真时钟推进。

第三节　研发活动占用资源的优先级规则

由于复杂产品研发项目的可用资源通常是有限的,在研发项目运行过程中可能会发生资源冲突,此时,需要进行研发活动占用资源的优先级排序。在研发项目仿真模型中,假设存在一定数量的可更新资源(例如人员、设备等),研发活动执行过程中会占用资源,研发活动完工时,释放其占用的资源。

在研发项目运行过程中,当研发活动之间发生资源冲突时,为了缩短研发工期,降低研发成本,需按照一定的规则对研发活动占用资源的优先级进行排序。为进行合理排序,采用"改进的加权资源利用率与优先关系"(Improved Weighted Resource Utilization Ration and Precedence,IWRURP)确定资源占用优先级顺序,主要考虑研发活动是否为返工、工期、紧后研发活动数量、可能引发返工的研发活动数量、资源需求量等因素。一般来说,当首次执行的研发活动与返工研发活动之间产生资源冲突时,首次执行的研发活动通常为当前完工研发活动的紧后研发活动,如果先执行紧后研发活动,返工研发活动的完工可能会再次引起紧后研发活动的返工,因此,返工研发活动的资源占用优先级应高于首次执行的研发活动。研发活动的紧后研发活动数量及可能引发返工的研发活动数量越多,需要该研发活动输出信息的研发活动数量就越多,该研发活动应优先执行。研发活动工期越长,成为关键研发活动的可能性越大,其所需的资源应优先满足。IWRURP 的计算公式为:

$$IWRURP_j=\begin{cases}L_1\left(\omega_1\mid N_j\mid+\omega_2\dfrac{r_j}{R}+\omega_3\dfrac{D_j}{max\{D_1,D_2,\cdots,D_n\}}\right)研发活动 j 首次执行\\L_2\left(\omega_1\mid N_j\mid+\omega_2\dfrac{r_j}{R}+\omega_3\dfrac{D_j}{max\{D_1,D_2,\cdots,D_n\}}\right)研发活动 j 首次执行\end{cases}\tag{4.1}$$

式中,$\omega_1,\omega_2,\omega_3$ 分别为各个影响因素的权重,且 $0<\omega_1<1,0<\omega_2<1,0<\omega_3<1,\omega_1+\omega_2+\omega_3=1$;$j$ 为研发活动的编号;$\mid N_j\mid$ 为研发活动 j 的紧后研发活动数与可能引发的返工研发活动数之和;r_j 为研发活动 j 的资源需求量;R 为资源总量;L_1、L_2 分别为研发活动首次执行、返工的优先级因子。

第四节　研发项目仿真算法设计及实现

在前文分析的基础上,基于离散事件仿真模型构建复杂产品研发项目的仿真模型。基于 DSM 对复杂产品研发项目流程和网络结构进行描述,研发项目仿真模型的输入信息为各个研发活动的工期、成本、紧前紧后关系、返工迭代、重叠执行以及完成研发活动所需的资源等参数。研发活动完工触发研发项目仿真模型中状态的转变,状态包括各研发活动完工、排队等待、正在执行等。研发项目仿真模型中的关键变量如表 4.1 所示。

表 4.1　仿真过程中的关键变量

变量	含义	变量	含义
FEL	未来事件表	RPL	返工概率降低系数
WL	等待执行的研发活动列表	ReworkImpact	返工影响
CostExtraction	随机抽取的研发活动成本	LearningCurve	学习曲线
DurationExtraction	随机抽取的研发活动工期	OverlapProbability	重叠概率
TNOW	当前事件发生的时刻	OverlapRate	允许的重叠比例
TotalCost	研发项目总成本	OverlapImpact	重叠影响
TotalDuration	研发项目总工期	CompleteCount	研发活动的完成次数
TotalTime	消耗的总时间	b	运行次数间隔
TotalRes	可用资源总量		稳定性精度要求
ReworkProbability	返工概率	m	仿真运行的次数

当考虑资源约束时,研发项目运行过程的单次仿真运行流程如图 4.4 所示。首先,进行研发项目仿真的初始化,对输入参数进行赋值。构建初始的未来事件表(Future Event List,FEL),FEL 中的每一个元素代表一项研发活动,研发活动按照其完工的先后顺序排列。然后,判定 FEL 是否为空。当 FEL 非空时,表明有研发活动处于正在执行

状态。从 FEL 中取出最上面的事件,表示该事件对应的研发活动完工,进行相应的参数修改,并从 FEL 中删除该研发活动。判定后续研发活动是否可以执行,把可以执行的研发活动放入等待列表(Wait List,WL),并把 WL 中的研发活动进行资源占用的优先级排序。对于 WL 中的研发活动,按照资源占用的优先级顺序,依次进行资源约束判断,确定哪些研发活动可以进入 FEL。当 FEL 为空时,表明所有研发活动都已执行完毕,一次仿真结束。

当不考虑资源约束时,即复杂产品研发项目运行过程中可用的资源量为无穷大,在研发项目运行过程中不存在资源冲突,不再需要对 WL 中的研发活动进行资源占用的优先级排序和资源约束判断。每次研发活动完工时,引发的后续研发活动放入 WL。然后,把 WL 中的所有研发活动放入 FEL 执行。其余的仿真步骤与考虑资源约束时的仿真步骤相同。

每次仿真运行,都可以得到相应的研发项目工期 T 和成本 C,为了得到稳定的研发项目工期和成本分布,需要多次运行仿真模型,求仿真输出结果的平均值。当研发项目仿真运行 m 次与运行 $m-b$ 次的输出结果的均值差距小于一定精度 α,可认为仿真输出的结果稳定。当仿真运行输出工期稳定时,研发项目工期 T 需要满足如下表达式:

$$\frac{\left|E[T_m]-E[T_{m-b}]\right|}{E[T_{m-b}]}<\alpha \tag{4.2}$$

$$\frac{\left|\sigma_{T_m}^2-\sigma_{T_{m-b}}^2\right|}{\sigma_{T_{m-b}}^2}<\alpha \tag{4.3}$$

式中,$E[T_m]$、$E[T_{m-b}]$ 分别为研发项目仿真模型运行 m 次、$m-b$ 次的工期均值;$\sigma_{T_m}^2$、$\sigma_{T_{m-b}}^2$ 分别为研发项目仿真模型运行 m 次、$m-b$ 次的工期方差;通常可以取 $\alpha=0.01$、$b=100$。[164]

根据上述公式计算输出工期稳定时的研发项目仿真运行次数 m_T。对于成本 C,采用同样的方法求出其输出成本稳定时的研发项目仿真运行次数 m_c。实际的研发项目仿真次数 m_A 取仿真输出的工期 T 和成本 C 稳定时运行次数的最大值,即 $m_A=max(m_T,m_c)$。

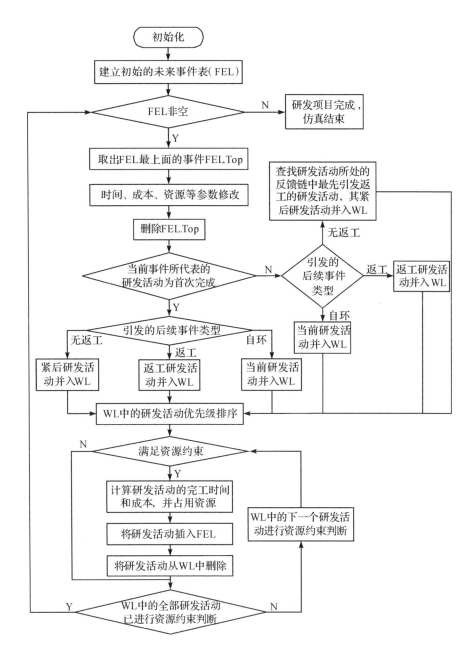

图 4.4　单次仿真运行流程

第五节 算例研究

以某无人机研制任务为例进行仿真模型构建及分析。[50][164] 该研制任务共包含 14 项研发活动,各个研发活动的工期、成本、所需资源、学习曲线等数据如表 4.2 所示。由于各个研发活动的工期、成本存在较大的不确定性,假设各个研发活动的工期、成本均服从三角分布。采用三角函数 $Tria(D_o,D_m,D_p)$ 描述各个研发活动工期的分布,其中 D_o 为最乐观的研发活动工期,D_m 为最可能的研发活动工期,D_p 为最悲观的研发活动工期;采用三角函数 $Tria(C_o,C_m,C_p)$ 描述各个研发活动成本的分布,其中 C_o 为最乐观的研发活动成本,C_m 为最可能的研发活动成本,C_p 为最悲观的研发活动成本。在每次研制任务仿真开始运行时,采用蒙特卡罗方法分别随机抽取各个研发活动的工期和成本。

表 4.2 某无人机研制任务的部分输入数据[50][164]

研发活动	研发活动名称	工期/天			成本/千美元			所需资源	学习曲线
		D_O	D_m	D_p	C_O	C_m	C_p		
T_1	方案论证	1.90	2.00	3.00	8.60	9.00	13.50	400.00	0.35
T_2	初步设计方案	4.75	5.00	8.75	5.30	5.63	9.84	600.00	0.20
T_3	准备表面模型	2.66	2.80	4.20	3.00	3.15	4.73	600.00	0.60
T_4	空气动力学分析	9.00	10.00	12.50	6.80	7.50	9.38	400.00	0.33
T_5	确立初步结构	14.30	15.00	26.30	128.00	13.50	236.00	600.00	0.40
T_6	准备有限元模型	9.00	10.00	11.00	10.00	11.30	12.40	500.00	1.00
T_7	开发结构设计	7.20	8.00	10.00	11.00	12.00	15.00	500.00	0.35
T_8	惯性分析	4.75	5.00	8.75	8.90	9.38	16.40	300.00	1.00
T_9	稳定控制分析	18.00	20.00	22.00	20.00	22.50	24.80	500.00	0.25
T_{10}	受力图构建	9.50	10.00	17.50	21.00	22.50	39.40	400.00	0.50
T_{11}	确定内载荷分布	14.30	15.00	26.30	21.00	22.50	39.40	500.00	0.75
T_{12}	强度、刚度及寿命评估	135.0	15.00	18.80	41.00	45.00	56.30	400.00	0.30
T_{13}	初步制造计划	30.00	32.50	36.00	214.00	232.00	257.00	600.00	0.28
T_{14}	阶段报告	4.50	5.00	6.25	20.00	22.50	28.10	500.00	0.70

基于 DSM 描述该无人机研制任务的网络结构，如图 4.5 所示。[50][164]

研发活动	T_1	T_2	T_3	T_4	T_5	T_6	T_7	T_8	T_9	T_{10}	T_{11}	T_{12}	T_{13}	T_{14}
T_1														
T_2	1.0								1.0					
T_3		1.0		1.0										
T_4	1.0		1.0											
T_5	1.0		1.0			1.0		1.0				0.8	1.0	
T_6	1.0				0.8									
T_7	1.0					0.8								
T_8						1.0						1.0		
T_9	1.0		1.0	1.0				1.0						
T_{10}			1.0			1.0	1.0	1.0			1.0			
T_{11}						1.0	1.0	1.0		0.9				
T_{12}	1.0					1.0	1.0			0.9	0.6			
T_{13}	1.0				1.0							1.0		
T_{14}	1.0	1.0	1.0	1.0	1.0	1.0	1.0	1.0	1.0	1.0	1.0	1.0	1.0	

图 4.5　研制任务的 DSM

采用返工概率矩阵描述研制任务的返工概率，采用返工影响矩阵描述研制任务的返工影响程度，返工概率矩阵和返工影响矩阵如图 4.6 所示。[50][164]

重叠概率在 DSM 中进行表示，采用重叠比例矩阵描述研制任务的重叠量大小，采用重叠影响矩阵表示当重叠发生时的影响程度，重叠比例矩阵和重叠影响矩阵如图 4.7 所示。[50][164]

研发活动	T_1	T_2	T_3	T_4	T_5	T_6	T_7	T_8	T_9	T_{10}	T_{11}	T_{12}	T_{13}	T_{14}
T_1	0.3/0.3													
T_2	0.4/0.5	0.2/0.3							0.2/0.1					
T_3		0.5/0.3	0.2/0.4	0.4/0.5										
T_4	0.3/0.4		0.5/0.8	0.2/0.6										
T_5	0.4/0.1		0.5/0.1		0.3/0.3	0.1/0.1		0.1/0.1				0.3/0.3	0.1/0.1	
T_6	0.1/0.1				0.4/0.3	0.2/0.3								
T_7	0.4/0.5					0.4/0.8	0.3/0.6							
T_8						0.5/0.5		0.2/0.5				0.5/0.5		
T_9	0.4/0.3		0.5/0.3	0.5/0.3				0.5/0.3	0.2/0.3					
T_{10}				0.1/0.1		0.5/0.5	0.2/0.4	0.1/0.3		0.2/0.3	0.4/0.3			
T_{11}						0.5/0.5	0.5/0.5	0.5/0.3		0.5/0.3	0.2/0.4			
T_{12}	0.4/0.5					0.4/0.3	0.5/0.5			0.5/0.5	0.4/0.5	0.3/0.5		
T_{13}	0.5/0.9				0.5/0.9							0.4/0.3	0.3/0.7	
T_{14}	0.3/0.5	0.4/0.8	0.4/0.8	0.4/0.8	0.4/0.8	0.4/0.8	0.4/0.8	0.4/0.8	0.4/0.8	0.4/0.8	0.4/0.8	0.4/0.8	0.4/0.8	0.3/0.6

图 4.6 返工概率及返工影响矩阵

研发活动	T_1	T_2	T_3	T_4	T_5	T_6	T_7	T_8	T_9	T_{10}	T_{11}	T_{12}	T_{13}	T_{14}
T_1														
T_2														
T_3														
T_4														
T_5												0.2/0.5		
T_6				0.2/0.5										
T_7					0.2/0.5									
T_8														
T_9														
T_{10}														
T_{11}										0.4/0.6				
T_{12}										0.4/0.6	0.1/0.4			
T_{13}														
T_{14}														

图 4.7 重叠比例及重叠影响矩阵

一、不同情形下研制任务的运行效果比较

根据研制任务执行过程中研发活动是否可以中断,所构建模型可以分为研发活动可中断和不可中断两种情况。研发活动可中断是指在某个研发活动的执行过程中可以中断;研发活动不可中断是指在某个研发活动的执行过程中不允许中断。

有些情况下,为了降低复杂产品研发项目的成本和返工次数,研发活动中断是有必要的,如图 4.8 所示,研发活动 T_3 是研发活动 T_4 和研发活动 T_5 的紧前研发活动,在 T_3 完工之后,如果资源条件满足,T_4 和 T_5 开始并行执行,而 T_5 的工期大于 T_4 的工期,T_4 率先完工,并引发 T_3 返工,而 T_3 的完工可能会引发 T_5 返工。此时,为避免 T_3 完工时引发 T_5 返工,T_5 可以中断执行,等到 T_3 完工后再继续执行 T_5。通常,相对于研发活动不可中断情形下,研发活动可中断情形下的研制成本更低、返工次数更少,但是研发活动的中断可能会减少研发活动的并行程度,导致整个复杂产品研发项目工期的增大。

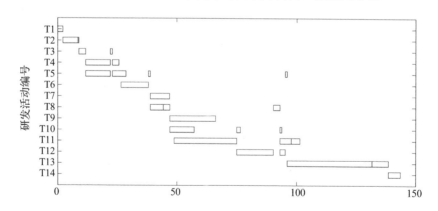

图 4.8　某次研制任务仿真运行过程的甘特图

在研发活动可中断情形下,考虑自环时,根据某次仿真输出绘制研制任务运行过程的甘特图如图 4.8 所示:研发活动 T_2、研发活动 T_8、研发活动 T_{13} 发生了自环;研发活动 T_3、研发活动 T_4、研发活动 T_5 等发生了返工,例如研发活动 T_{12} 完工引发研发活动 T_8 返工,T_8 返工

引发 T_{10} 和 T_{11} 返工，T_{10} 返工又引发 T_{11} 和 T_{12} 返工；研发活动 T_5 发生了中断执行；研发活动 T_6 与 T_5、T_{11} 与 T_{10}、T_{12} 与 T_{10} 重叠执行。

根据仿真输出稳定性判定条件，当仿真运行 300 次时相对精度可达到要求。在对仿真结果进行分析时，为了获取更为稳定的仿真运行结果，取仿真次数为 5000 次。为便于与文献中的仿真输出进行比较，首先使用文献中的数据进行仿真，仿真输出与具有代表性的文献[50][164]的仿真输出数据进行比较，如表 4.3 所示。表中："不可中断"指本章所构建的不可中断仿真模型；"可中断"指本章所构建的可中断仿真模型；"数据 1"是文献中的数据（不考虑研发活动自环）；"数据 2"是考虑研发活动自环的数据。使用本章所构建的仿真模型，分别使用"数据 1"和"数据 2"作为仿真输入，仿真输出的各个研发活动的执行次数均值如表 4.4 所示。

表 4.3　仿真输出的工期和成本对比

数据	模型	工期/天		成本/千美元	
		均值	标准差	均值	标准差
数据 1	文献[164]	138.0	14.0	637.0	63.0
	文献[50]	131.0	18.5	920.0	451.0
	不可中断	135.1	7.8	660.8	50.4
	可中断	136.1	8.0	658.7	48.5
数据 2	不可中断	144.3	10.0	697.2	60.3
	可中断	145.5	10.4	695.0	58.7

本章所构建的仿真模型允许研发活动重叠执行，而文献[164]所构建的仿真模型没有考虑研发活动重叠，通过研发活动重叠执行可以缩短研制任务工期，因此，使用本章所构建的仿真模型得到的研制任务工期均值小于文献[164]中的工期均值。但是，研发活动重叠执行时会引发重叠返工，导致完成研发活动所需的时间和成本增加，因此，使用本章所构建的仿真模型得到的研制任务成本均值高于文献[164]中的成

本均值。在文献[50]中规定当执行返工对研发活动的改进程度小于某一阈值时,返工价值太小,不再进行返工;本章所构建的仿真模型不考虑返工对研发活动的改进程度,只要引发返工就一定执行,因此本章所构建的仿真模型以"数据 1"作为输入时得到的研制任务工期均值大于文献[50]中的工期均值。在本章所构建的仿真模型中定义了更多的研制任务运行规则,通过运行仿真模型输出数据的标准差小于文献[50][164]中的标准差。通过与文献中的仿真数据比较表明,本章所构建的仿真模型能够较好地反映研制任务的运行情况。

表 4.4　仿真输出的各研发活动平均执行次数

数据	模型	研发活动编号						
		1	2	3	4	5	6	7
数据 1	不可中断	1.00	1.31	1.66	1.31	2.01	1.38	1.13
	可中断	1.00	1.29	1.65	1.31	1.98	1.36	1.12
数据 2	不可中断	1.38	1.61	2.05	1.60	2.69	1.68	1.56
	可中断	1.39	1.60	1.99	1.59	2.63	1.66	1.52

数据	模型	研发活动编号						
		8	9	10	11	12	13	14
数据 1	不可中断	1.94	1.56	2.04	2.10	1.69	1.11	1.00
	可中断	1.91	1.54	1.97	2.00	1.65	1.09	1.00
数据 2	不可中断	2.34	1.89	2.43	2.48	2.26	1.53	1.38
	可中断	2.32	1.87	2.44	2.45	2.21	1.51	1.38

由表 4.3 中的研制任务仿真数据可知,任务可中断虽然可以降低研制成本,但降低幅度较小,而且同时会增加研制工期。一般来说,越早成功完成复杂产品研发,越可能获得重大的价值和意义,因此,对于复杂产品研发项目来说,更适用于采用研发活动不可中断模式。下文进行数据分析时,均使用研发活动不可中断、"数据 2"情形下的研制任务仿真输出数据。

二、自环对研制任务的影响

"数据 2"中考虑了研发活动自环,对研制任务仿真输出的工期和成本进行分析。此时,仿真输出的研制任务工期均值为 144.3 天、成本均值为 697.2 千美元,比不考虑研发活动自环时的研制任务工期、成本均值分别增加了 6.8% 和 5.5%,所有研发活动的执行总次数由 21.24 次增加到了 26.88 次,增加了 26.6%。通过自环对研制任务运行效果影响的分析表明,当考虑研发活动自环时,研制任务的工期、成本及返工次数等参数均比不考虑自环时有了一定程度的增加。

三、风险分析

风险的种类很多,这里主要讨论复杂产品研发项目工期超期、费用超支的风险。在文献[164]中给出的计划工期和成本分别为 130 天和 630 千美元,本章所构建的研制任务仿真模型中考虑了自环,需要更长的工期和更多的成本,假设此时的计划工期和计划成本分别为 145 天和 700 千美元。根据仿真结果,工期的频次直方图和累积曲线如图 4.9 所示,成本的频次直方图和累积曲线如图 4.10 所示。

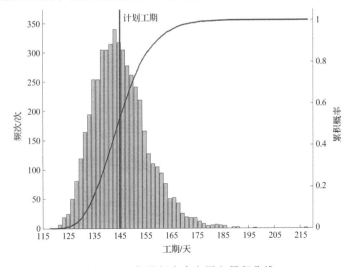

图 4.9 工期的频次直方图和累积曲线

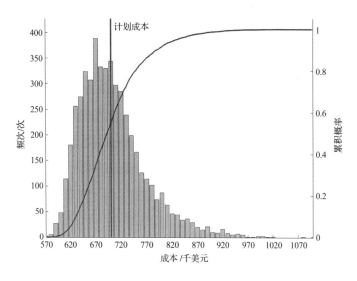

图 4.10　成本的频次直方图和累积曲线

由统计数据可知,研制任务的实际工期超过计划工期的概率为 47.2%,实际成本超过计划成本的概率为 45.1%,实际工期和实际成本均按照计划要求完成的概率仅为 39.2%。因此,考虑研发活动自环时,复杂产品研发项目需要更长的工期、更多的成本,具有较高的超期、超支风险。

第六节　本章小结

在复杂产品研发项目运行过程中,研发活动的返工迭代、重叠执行以及资源冲突等因素都会对整个复杂产品研发项目的工期、成本等产生影响。本章构建了考虑多重不确定影响因素的研发项目运行过程仿真模型,假定研发活动返工迭代、重叠等以随机概率发生,并考虑了各个研发活动的学习效应,更能有效反映复杂产品研发项目的真实运行情况。在此基础上,根据仿真输出数据对研发项目的工期、成本等运行指标进行了分析。本章提出的仿真模型可用于估计工期、成本、返工次数、各研发活动花费的时间和成本等研发项目运行参数,从而能够帮助复杂产品研发项目管理者更好地预测、评估和控制研发项目运行过程。

第五章 复杂产品研发项目关键活动识别

第一节 基于网络指标的研发项目网络节点关键性分析

复杂产品研发项目网络指标反映了各个节点(研发活动)在项目网络中的结构属性,不同网络指标从不同的角度反映节点在研发项目网络中的关键性程度,常见的网络指标包括节点度、介数、聚集系数等。

一、复杂产品研发项目网络模型构建

根据图论理论,复杂产品研发项目网络可以表示为: $D = (V,A,W)$,其中 V,A,W 分别表示节点、边和权重。

(一)节点

研发活动是复杂产品研发项目的基本单元,在复杂产品研发项目网络中,以研发活动作为节点。节点(研发活动)具有工期、成本、所需资源等属性,一个活动具有一个或多个输入、输出,并在执行过程占用资源。

(二)边

边用于描述节点之间的各种关系。在复杂产品研发项目网络中，研发活动之间的关系主要包括串行关系、并行关系、迭代关系、重叠关系等类型。

(三)权重

在复杂产品研发项目网络中，不同节点之间的连接强度不同，权重值表示节点之间的连接强度。

二、复杂产品研发项目网络节点关键性评价指标

(一)节点度

节点度为与该节点连接边的数目。复杂产品研发项目网络为加权有向网络，研发活动的入度为该研发活动紧前活动数量，研发活动的出度为该研发活动紧后活动数量。

1.不考虑权重时的节点度

当不考虑边的权重时，研发项目网络各个节点的入度、出度分别表示为：

$$d_j^{in} = \sum_{i \neq j} a_{ij} \tag{5.1}$$

$$d_i^{out} = \sum_{j \neq i} a_{ij} \tag{5.2}$$

式中，i、j 为节点(研发活动)编号；d_j^{in} 表示不考虑权重时节点 j 的入度；a_{ij} 表示节点 i 指向节点 j 的边，a_{ij} 取 0 或 1，$a_{ij}=1$ 表示存在节点 i 指向节点 j 的边，即活动 i 为活动 j 的紧前活动，或者活动 j 为活动 i 的紧后活动，$a_{ij}=0$ 表示不存在节点 i 指向节点 j 的边；d_i^{out} 表示不考虑权重时节点 i 的出度。

此时，节点 i 的度可以表示为：

$$d_i^{tot} = d_i^{in} + d_i^{out} \tag{5.3}$$

式中，d_i^{tot} 表示不考虑权重时节点（研发活动）的度。

2.考虑权重时的节点度

当考虑边的权重时，研发项目网络各个节点的入度、出度可分别表示为：

$$s_j^{in} = \sum_{i \neq j} a_{ij} \cdot w_{ij} \tag{5.4}$$

$$s_i^{out} = \sum_{j \neq i} a_{ij} \cdot w_{ij} \tag{5.5}$$

式中，s_j^{in} 表示考虑权重时节点（研发活动）j 的入度；a_{ij} 表示节点 i 指向节点 j 的边，a_{ij} 取 0 或 1，$a_{ij}=1$ 表示存在节点 i 指向节点 j 的边，即活动 i 为活动 j 的紧前活动，或者活动 j 为活动 i 的紧后活动，$a_{ij}=0$ 表示不存在节点 i 指向节点 j 的边；s_i^{out} 表示考虑权重时节点 i 的出度；w_{ij} 为边 a_{ij} 的权重。

此时，节点 i 的度可以表示为：

$$s_i^{tot} = s_i^{in} + s_i^{out} \tag{5.6}$$

式中，s_i^{tot} 表示考虑权重时节点（研发活动）的度。

在复杂产品研发项目网络中，入度反映了活动的紧前活动个数，即会对该活动产生直接影响的活动个数，一般来说，入度越大表示该活动的开始执行越会受到更多的约束。出度反映了活动的紧后活动个数，即该活动直接影响的活动个数，一般来说，出度越大表示该活动的完成越会影响更多的其他活动。通常，某个活动的入度或出度越大，表示该活动的关键性程度也就越大。

(二)介数

介数是指所有节点对之间的最短路通过该节点的比例，其表达式为：

$$bc_i = \sum_{s \neq i \neq t} \frac{\sigma_{st}(i)}{\sigma_{st}} \tag{5.7}$$

式中，bc_i 表示节点 i 的介数；$\sigma_{st}(i)$ 表示节点 s 与节点 t 之间的最短路通过节点 i 的数量；σ_{st} 表示节点 s 与节点 t 之间的所有最短路的数量。

在复杂产品研发项目网络中，节点的介数越大，在整个研发项目网络中的信息传递作用越重要，对其他节点的影响程度也就越大。通过介数可以寻找研发项目网络中的重要信息通道，进而用于度量节点的关键性程度。

（三）聚集系数

复杂产品研发项目网络节点的聚类系数表示节点在网络中趋向于聚集在一起的程度度量，刻画了与该节点连接的节点之间存在连接关系的概率。

在研发项目网络中，两个活动之间可能会出现耦合关系，即在节点 i 与节点 j 之间，既存在节点 i 指向节点 j 的边，也存在节点 j 指向节点 i 的边。当考虑权重时，节点 i 与其相邻节点之间的双向边连接强度可以表示为：

$$s_i^{\leftrightarrow} = \sum_{j \neq i} a_{ij} \cdot a_{ji} \cdot \frac{w_{ij} + w_{ji}}{2} \tag{5.8}$$

式中，$s_i^{\leftrightarrow}$ 表示考虑权重时节点与其相邻节点之间的双向边连接强度。

复杂产品研发项目网络为加权有向网络，各节点的聚集系数表达式为：

$$c_i = \frac{\sum\limits_{j \neq i} \sum\limits_{k \neq i, k \neq j} \left(\frac{w_{ij} + w_{ki}}{2} \cdot a_{ij} \cdot a_{jk} \cdot a_{ki} + \frac{w_{ji} + w_{ik}}{2} \cdot a_{ji} \cdot a_{ik} \cdot a_{kj} \right)}{\frac{1}{2} (s_i^{in} \cdot d_i^{out} + s_i^{out} \cdot d_i^{in}) - s_i^{\leftrightarrow}}$$

$$\tag{5.9}$$

式中，c_i 表示研发项目网络中节点 i 的聚集系数；$\frac{1}{2}(s_i^{in} \cdot d_i^{out} + s_i^{out} \cdot d_i^{in}) - s_i^{\leftrightarrow}$ 为归一化因子，保证 $0 \leqslant c_i \leqslant 1$。

在复杂产品研发项目网络中,节点的聚集系数越大,说明该节点所在的回路越多,研发过程中该节点可能发生返工迭代的概率越大,该节点的关键性程度也就越大。

三、复杂产品研发项目网络节点关键性评价

通过网络节点指标分析,可以分别得到各个节点的入度、出度、介数、聚集系数等网络指标,但是,不同的网络指标只是从不同的角度反映研发活动在研发项目网络中的关键性程度。需要在此基础上进一步计算各个活动在复杂产品研发项目网络中的关键性程度,计算公式为:

$$ACL\_N_i = \alpha_1 \cdot s_i^{in} + \alpha_2 \cdot s_i^{out} + \alpha_3 \cdot bc_i + \alpha_4 \cdot c_i \qquad (5.10)$$

式中,ACL_N_i 为通过网络分析得到的研发活动 i 的关键性程度;α_1、α_2、α_3、α_4 分别为入度、出度、介数、聚集系数等指标的权重。

第二节　基于仿真的研发活动的关键性分析

在复杂产品研发项目网络中,节点的网络指标值大小可在一定程度上反映该节点在网络中的重要性,但是,网络指标没有考虑各个活动完成所需时间、成本等方面的不确定性,只能从某个方面反映节点的重要度。仿真可以相对准确地反映研发项目运行过程中的不确定性、动态性,是研发项目关键活动识别的重要依据。

通过研发项目仿真,可以产生大量的仿真数据,在这些数据中包含各个活动的工期、成本、完成时间、返工次数、返工工时等信息。通过仿真数据,可以得到完成各个活动所需的平均时间、平均成本分别为:

$$AET\_SA_i = \frac{\sum_{k=1}^{N} ET\_SA_{ik}}{N} \tag{5.11}$$

$$AEC\_SA_i = \frac{\sum_{k=1}^{N} EC\_SA_{ik}}{N} \tag{5.12}$$

式中，i 为研发活动编号；k 为仿真次数编号；AET_SA_i 为完成研发活动 i 所需的平均时间；ET_SA_{ik} 为第 k 次仿真完成研发活动 i 所需的总时间（包括初次完成所需时间以及返工所需时间）；AEC_SA_i 为完成研发活动 i 所需的平均成本；EC_SA_{ik} 为第 k 次仿真完成研发活动 i 所需的总成本（包括初次完成所需成本以及返工所需成本）；N 为仿真次数。

为分析完成各个研发活动的平均时间、成本是否达到预期要求，把完成各个活动所需的平均时间、平均成本分别与计划工期、计划成本进行比较，判断各个活动是否超期或超支，并计算各个活动的超期、超支程度。通常，研发活动超期程度或超支程度越大，该研发活动的关键性程度越高。研发活动超期程度、超支程度的计算公式分别为：

$$OTL_i = \begin{cases} 0 & AET\_SA_i \leqslant PT\_A_i \\ \dfrac{AET\_SA_i - PT\_A_i}{PT\_A_i} & AET\_SA_i > PT\_A_i \end{cases} \tag{5.13}$$

$$OCL_i = \begin{cases} 0 & AEC\_SA_i \leqslant PC\_A_i \\ \dfrac{AEC\_SA_i - PC\_A_i}{PC\_A_i} & AEC\_SA_i > PC\_A_i \end{cases} \tag{5.14}$$

式中，OTL_i 为活动 i 的超期程度；OCL_i 为活动 i 的超支程度；PC_A_i 为研发活动 i 的计划工期，PC_A_i 为研发活动 i 的计划成本。

进一步，分析各个研发活动的超期次数、超支次数。通常，研发活动超期次数或超支次数越多，该研发活动的关键性程度越高。根据研发项目仿真输出数据计算各个研发活动的超期次数、超支次数，计算公式分别为：

$$OTN_i = \sum_{k=1}^{N} sign(max\{ET\_SA_{ik} - PT\_A_i, 0\}) \qquad (5.15)$$

$$OCN_i = \sum_{k=1}^{N} sign(max\{EC\_SA_{ik} - PC\_A_i, 0\}) \qquad (5.16)$$

式中，OTN_i 为活动 i 的超期次数；OCN_i 为活动 i 的超支次数。

通过仿真得到的超期程度、超支程度、超期次数、超支次数等指标可以度量各个研发活动的关键性程度，计算公式为：

$$ACL\_S_i = \beta_1 \cdot OTL_i + \beta_2 \cdot OCL_i + \beta_3 \cdot \frac{OTN_i}{N} + \beta_4 \cdot \frac{OCN_i}{N} \quad (5.17)$$

式中，ACL_S_i 为通过仿真分析得到的研发活动 i 的关键性程度；β_1、β_2、β_3、β_4 分别为超期程度、超支程度、超期次数、超支次数等指标的权重。

第三节　复杂产品研发项目关键活动确定

基于网络分析可以反映研发项目网络中节点的关键性程度，基于仿真分析可以反映研发项目运行过程中活动的关键性程度。结合网络分析和仿真分析，综合研发活动的网络关键性程度、仿真关键性程度等指标，可以计算复杂产品研发项目各个活动的综合关键度，其表达式为：

$$ACL\_T_i = \mu_1 \cdot ACL\_N_i + \mu_2 \cdot ACL\_S_i \qquad (5.18)$$

式中：ACL_T_i 为活动 i 的综合关键度；ACL_N_i 为通过网络分析得到的研发活动 i 的关键性程度；μ_1 为通过网络分析得到的关键性程度的权重；ACL_S_i 为通过仿真分析得到的研发活动 i 的关键性程度；μ_2 为通过仿真分析得到的关键性程度的权重。

根据复杂产品研发项目中各个活动的综合关键度的取值，可以对研发活动进行综合关键度评价和排序，识别复杂产品研发项目的关键活动，并根据排序结果确定研发项目运行过程中各研发活动占用资源的优先级顺序。

在复杂产品研发项目运行过程中,可能会存在多个研发活动并行执行的情形,由于资源总量是有限的,研发活动之间可能会发生一定程度的资源冲突,需要对研发活动占用资源的优先级进行排序。通常情况下,研发活动的关键性程度越高,对研发项目的工期、成本、风险等运行效果指标的影响程度越大。为保障研发项目能够顺利完成,关键性程度高的研发活动所需的资源应该优先满足。因此,在研发项目仿真模型和实际运行过程中,可以根据研发活动的关键性程度进行资源占用优先级排序,即综合关键度大的研发活动优先占用资源。

第四节　本章小结

在复杂产品研发项目资源分配时,需要准确识别复杂产品研发项目的关键活动,可在研发资源调整时把有限的资源优先分配给关键活动,有效发挥研发资源的效用。本章主要研究结合网络分析和仿真分析的复杂产品研发项目关键活动识别方法。首先,根据复杂产品研发项目的各个活动类型、活动之间的关系等特征,构造复杂产品研发项目网络模型,通过节点度、介数、聚集系数等指标分析研发项目网络节点的关键性。其次,基于仿真输出数据对复杂产品研发项目的运行过程、运行效果等进行分析和评价,分析研发活动运行参数变化对整个研发项目工期、成本、风险等指标的影响,分析各个研发活动的超期程度、超支程度、超期次数、超支次数等指标,确定各个研发活动的关键性。最后,结合网络分析和仿真分析的关键性指标,综合评价各个研发活动的关键性程度,识别复杂产品研发项目的关键活动。

第六章　隐含返工对复杂产品研发项目运行过程的影响

第一节　问题描述

在复杂产品研发项目运行过程中,由于复杂产品研发项目的不确定性、复杂性、技术和流程需要等原因,某些研发活动可能需要多次返工才能完成,哪些研发活动会发生返工、什么时候会发生返工、发生返工时的影响程度等参数难以预测,造成难以对研发项目进行合理规划。因此,需要研究考虑隐含返工情形下返工迭代对研发项目工期、成本的影响。由于返工的随机性,在研发项目规划阶段很多返工难以进行预测,造成研发项目的实际工期和成本远大于计划工期和成本。根据返工的可预测性,把返工分为可预测返工和隐含返工。隐含返工随机性大,在研发项目规划阶段和研发项目运行过程中难以对其进行预测,发生的概率和发生时的影响程度都是随机的。为对研发项目进行科学规划,需要探索返工参数的合理确定方法,分析隐含返工对研发项目工期和成本的影响。

本章首先对复杂产品研发项目返工的内涵、分类、主要影响因素进行探讨,并分析依赖度、成熟度、复杂性、不确定性等研发项目返工主要影响因素。其次,分别讨论可预测返工和隐含返工的表示或量化方法。在此基础上,基于 DSM 构建研发项目仿真模型,探讨研发进度的分析方法。最后,结合算例,根据不同返工条件下的研发项目仿真输出的工期、成本、实时进度信息,分析返工类别、返工参数等对复杂产品研发项目工期、成本的影响,并重点分析隐含返工对研发进度的影响。

第二节　复杂产品研发项目返工的分类及参数量化

通过对复杂产品研发项目返工的分析,探讨引发返工的主要原因,对返工进行分类,并分析复杂产品研发项目返工的主要影响因素。

一、复杂产品研发项目返工的分类

在复杂产品研发项目规划阶段,有些研发活动返工的概率和影响程度是可以预测的,而有些研发活动返工是随机发生,难以预测的。根据返工的可预测性,把复杂产品研发项目中的研发活动返工分为可预测返工和隐含返工两种。

(一)可预测返工

可预测返工是由某些特定因素(如:研发活动耦合、信息依赖等)引起的返工。在复杂产品研发项目规划阶段可以通过一定的方法对其进行预测,并能够估计其发生概率和影响程度。在复杂产品研发项目规划阶段,可预测返工的参数通常可以根据其影响因素预测到,包括:可能发生返工的研发活动和引发该研发活动返工的研发活动、返工发生的概率、发生返工时的影响程度。

(二)隐含返工

隐含返工是由某些随机因素(如:研发过程中的失误、需求变更等)引起的返工。该类返工是随机出现的,在复杂产品研发项目规划阶段通常预测不到。在研发项目运行过程中,隐含返工会随机发生,返工发生的概率、返工发生时的影响程度等都是难以预测的。

二、复杂产品研发项目返工的主要影响因素

影响复杂产品研发项目返工的因素很多,不同的复杂产品研发项目的返工影响因素也不相同。本节主要研究研发活动之间的依赖度、成熟度、不确定性和复杂性等主要因素。

(一)研发活动之间的依赖度

依赖度是指一个研发活动对另一研发活动所提供信息、技术等的依赖程度。研发活动之间的依赖关系主要包括功能依赖关系和部件依赖关系,可以由功能依赖度和部件依赖度进行推导计算。如果研发活动 T_j 依赖于研发活动 T_i,研发活动 T_j 对研发活动 T_i 的依赖度越高,当研发活动 T_j 发生变动时,引发研发活动 T_i 返工的可能性就越大。复杂产品研发的目的是实现某些特定功能或功能组合,一个部件可以实现某一功能或若干功能、一个功能可能由某一部件或若干部件完成,而功能或部件是由不同的研发活动负责。研发活动之间的依赖关系与其所负责的部件、功能等密切相关。

研发活动之间的依赖度可以用[0,1]之间的数值来进行表示。如果研发活动之间的依赖度为 0,表示不存在依赖关系。通常,依赖关系是返工发生的前提条件,如果两个研发活动之间存在依赖关系,则信息输出的研发活动可能会引起信息输入的研发活动发生返工;如果两个研发活动之间不存在依赖关系,则相互之间不会引发返工。

复杂产品研发项目中每个研发活动通过参与部件的研发(或研发

步骤)来实现某些功能,可构建研发项目的扩展多领域矩阵(Extended Multi-Domain Matrix,EMDM),即"研发活动—部件—功能"EMDM, 如图 6.1 所示。EMDM 包括功能 DSM(Function Design Structure Matrix,F_DSM)、部件 DSM(Component Design Structure Matrix,C_ DSM)和扩展的域映射矩阵(Extended Domain Mapping Matrix, EDMM)。[28]其中,F_DSM 反映了各种功能之间的依赖关系;C_DSM 反映了各个部件之间性能参数的依赖关系;EDMM 反映了部件、功能 与研发活动之间的依赖关系,即研发活动为实现部件相关功能的依赖 关系,EDMM 的每一列表示一个功能,每一行表示一个部件。根据 EMDM,可以推导研发活动 DSM(Sub-Task Design Structure Matrix, ST_DSM),用于表示研发活动之间的依赖关系。

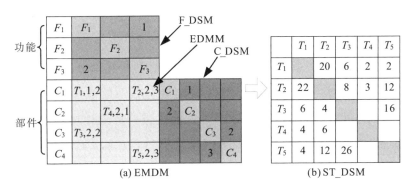

图 6.1　EMDM 推导研发活动 DSM 过程

复杂产品研发项目中研发活动之间的相关关系主要为信息依赖, 研发活动之间发生信息沟通的主要原因是其所承担的功能、部件之间 存在相关关系。在 EDMM 中,各个填数字的单元格用 $EDMM$ (T_i, α_i, β_i) 表示,其中:T_i 表示编号为 i 的研发活动;α_i 表示研发活动 T_i 的功能依赖度;β_i 表示该研发活动 T_i 的部件依赖度。功能依赖强度 和部件依赖强度均用 0、1、2、3 四个等级表示,0 表示不存在依赖关系,3 表示最高依赖强度。

1. 根据功能相关计算研发活动之间的依赖度

根据功能相关计算研发活动之间的依赖度时,存在两种情况:不同研发活动完成的两个功能之间存在相关、不同的研发活动共同完成某一功能。

在 F_DSM 中，如果某两个功能之间存在依赖关系，进一步分析实现这两个功能分别所需要的研发活动集合，两个研发活动集合中的研发活动之间均存在依赖关系。如图 6.1 中，功能 F_3 依赖于功能 F_1，实现功能 F_1 需要研发活动 T_1 和研发活动 T_3，实现功能 F_3 需要研发活动 T_2 和研发活动 T_5，则研发活动 T_2 依赖于研发活动 T_1 和研发活动 T_3，研发活动 T_5 依赖于研发活动 T_1 和研发活动 T_3。

根据 F_DSM 和 EDMM 可计算 ST_DSM 中研发活动 T_i 与研发活动 T_j 之间的功能依赖度：

$$ST\_DSM_{F1}(i,j) = \alpha_i \cdot \alpha_j \cdot F\_DSM(F_{T_i}, F_{T_j}) \qquad (6.1)$$

式中，F_{Ti} 和 F_{Tj} 分别表示研发活动 T_i 和研发活动 T_j 对应的功能；$F\_DSM(F_{Ti}, F_{Tj})$ 表示功能 F_{Ti} 与功能 F_{Tj} 之间的依赖度。

例如：研发活动 T_2 的功能依赖度为 2，研发活动 T_3 的功能依赖度为 2，研发活动 T_2 对应的功能为 F_3，研发活动 T_3 对应的功能为 F_1，功能 F_1 对功能 F_3 的依赖度为 1，研发活动 T_3 对研发活动 T_2 的依赖度为：$ST\_DSM_{F1}(3,2) = 2 \times 2 \times 1 = 4$。

在 EDMM 的某一列中，如果存在多个研发活动，即多个研发活动完成同一功能，则这些研发活动之间相互依赖，且依赖度较高。令其功能依赖度为最高等级 M，研发活动 T_i 与研发活动 T_j 之间的功能依赖度为：

$$ST\_DSM_{F2}(i,j) = \alpha_i \cdot \alpha_j \cdot M \qquad (6.2)$$

例如：研发活动 T_1 与研发活动 T_3 共同完成功能 F_1，研发活动 T_1 的功能依赖度为 1，研发活动 T_3 的功能依赖度为 2，研发活动 T_1 与研发活动 T_3 之间的功能依赖度为：$ST\_DSM_{F2}(1,3) = ST\_DSM_{F2}(3,1) = 1 \times 2 \times 3 = 6$。

2. 根据部件相关计算研发活动之间的依赖度

根据部件相关计算研发活动之间的依赖度时，存在两种情况：不同研发活动完成的两个部件之间存在相关、不同的研发活动共同完成某一部件。

在 C_DSM 中,某两个部件之间存在相关关系,进一步分析完成这两个部件分别所需要的研发活动集合,发现两个研发活动集合中的研发活动之间均存在依赖关系。例如图 6.1 中,部件 C_2 依赖于部件 C_1,实现部件 C_1 需要研发活动 T_1 和研发活动 T_2,实现部件 C_2 需要研发活动 T_4,则研发活动 T_4 依赖于研发活动 T_1 和研发活动 T_2。

根据 C_DSM 和 EDMM 可计算 ST_DSM 中研发活动 T_i 与研发活动 T_j 之间的部件依赖度:

$$ST\_DSM_{C1}(i,j) = \beta_i \cdot \beta_j \cdot C\_DSM(C_{T_i}, C_{T_j}) \qquad (6.3)$$

式中,C_{T_i} 和 C_{T_j} 分别表示研发活动 T_i 和研发活动 T_j 对应的部件;$C\_DSM(C_{Ti}, C_{Tj})$ 表示部件 C_{Ti} 与部件 C_{Tj} 之间的依赖度。

例如:研发活动 T_1 的部件依赖度为 2,研发活动 T_4 的部件依赖度为 1,研发活动 T_1 对应的部件为 C_1,研发活动 T_4 对应的部件为 C_2,部件 C_2 对部件 C_1 的依赖度为 2,研发活动 T_4 对研发活动 T_1 的依赖度为:$ST\_DSM_{C1}(4,1) = 1 \times 2 \times 2 = 4$。

在 EDMM 的每一行中,如果存在多个研发活动,即多个研发活动完成同一部件,则这些研发活动之间相互依赖,且依赖度较高。令其部件依赖度为最高等级 M,研发活动 T_i 与研发活动 T_j 之间的部件依赖度为:

$$ST\_DSM_{C2}(i,j) = \beta_i \cdot \beta_j \cdot M \qquad (6.4)$$

例如:研发活动 T_1 与研发活动 T_2 共同完成部件 C_1,研发活动 T_1 的部件依赖度为 2,研发活动 T_2 的部件依赖度为 3,研发活动 T_1 与研发活动 T_2 之间的部件依赖度为:$ST\_DSM_{C2}(1,3) = ST\_DSM_{C2}(3,1) = 2 \times 3 \times 3 = 18$。

研发活动之间的依赖度为功能依赖度与部件依赖度的和,其表达式为:

$$ST\_DSM(i,j) = ST\_DSM_{F1}(i,j) + ST\_DSM_{F2}(i,j)$$

$$+ST\_DSM_{C1}(i,j)+ST\_DSM_{C2}(i,j)$$

$$(6.5)$$

将 ST_DSM 中各个研发活动之间依赖度除以所有研发活动之间依赖度的最大值,可得到归一化的 ST_DSM。

(二)成熟度

在复杂产品研发项目中,成熟度(Readiness)定义为技术、条件等的准备或部署就绪的程度。系统、技术或集成的成熟度分别指相应指标的部署就绪程度。[165]技术成熟度等级(Technology Readiness Level,TRL)可用于度量复杂产品研发项目的各个研发活动所用技术与预期的复杂产品研发目标的符合程度。[166]在考虑复杂产品研发项目技术成熟度的同时,还需要考虑研发活动之间的接口标准化程度、匹配程度、兼容性等指标,评价研发活动之间的集成成熟度等级(Integration Readiness Level,IRL)。[167]通常,技术成熟度和集成成熟度均可分为 9 级,级别数值越大,表明其成熟度越高。在复杂产品研发项目系统中,研发活动的 TRL 和 IRL 不能够完全反映整个系统的准备就绪状态,需要进一步计算研发项目的系统成熟度(System Readiness Level,SRL)。[158]SRL 可以根据 TRL 和 IRL 计算得出。[167]

各个子系统的技术成熟度 TRL 取值范围为[1,9],在复杂产品研发项目中,所用的技术通常已经相对比较成熟,技术成熟度的取值范围为[6,9]。技术成熟度的表达式为:

$$TRL=\begin{bmatrix}TRL_1\\TRL_2\\\cdots\\TRL_n\end{bmatrix} \qquad (6.6)$$

子系统之间的集成成熟度 IRL 取值范围为[1,9],在复杂产品研发项目中,研发活动之间的集成技术通常已经相对比较成熟,集成成熟度的取值范围为$[6,9]$。如果研发活动i与研发活动j之间不存在信息依赖关系，通常不需要把二者进行集成，则令其集成成熟度为0。集成成熟度矩阵中的0元素越多，表示子系统之间的依赖关系越简单，集成难度越小。集成成熟度的表达式为：

$$IRL = \begin{bmatrix} IRL_{11} & \cdots & IRL_{1n} \\ \cdots & \cdots & \cdots \\ IRL_{n1} & \cdots & IRL_{nn} \end{bmatrix} \tag{6.7}$$

首先，根据技术成熟度和集成成熟度计算各个研发活动的系统成熟度SRL，并进行归一化处理。令技术成熟度和集成成熟度的最大值均为RM，并引入过渡矩阵TM，计算过程中，如果IRL_{ij}的值大于0，则$TM_{ij} = IRL_{ij} \cdot TRL_j$，如果$IRL_{ij}$的值为$0$，则$TM_{ij} = RM^2$。研发活动的成熟度表达式为：

$$TM_{ij} = \begin{cases} IRL_{ij} \cdot TRL_j & IRL_{ij} > 0 \\ RM^2 & IRL_{ij} = 0 \end{cases} \tag{6.8}$$

$$SRL_i = \frac{\sum_{j=1}^{n} TM_{ij}}{n \cdot RM^2} \tag{6.9}$$

其次，根据各个研发活动的成熟度计算整个复杂产品研发项目的系统成熟度。系统成熟度可以表示为：

$$SRL = \omega_1 \cdot SRL_1 + \omega_2 \cdot SRL_2 + \cdots + \omega_n \cdot SRL_n \tag{6.10}$$

式中，ω_i为研发活动i在整个复杂产品研发项目中的系统成熟度的权重，且满足：$\sum_{i=1}^{n} \omega_i = 1$。

通常，隐含返工与复杂产品研发项目的系统成熟度呈正相关。复杂产品研发项目的系统成熟度越大，运行过程中发生的隐含返工越少；复杂产品研发项目的系统成熟度越小，运行过程中发生的隐含返工越多。

(三)不确定性

不确定性的存在通常是由于人们不能或是没有完全准确掌握将

来事件的全部信息。[168]由于复杂产品研发项目及其研发活动的复杂性、定制化、独特性等特征,几乎没有完全相同的复杂产品研发项目或研发活动,可直接使用的历史经验或信息较少,使其具有较高的不确定性。复杂产品研发项目或其研发活动的不确定性的主要影响因素包括。[169][170]

1.市场不确定性

复杂产品研发周期较长,在研发过程中可能会发生市场需求的变化。此外,在复杂产品研发项目规划阶段,规划者或参与者对市场需求没有完全准确的理解,随着研发过程中对市场需求理解逐渐深入,可能会对市场需求进行修改。

2.技术不确定性

复杂产品研发项目通常需要一定程度的技术突破或创新才能成功完成,而技术突破或创新不一定全部能够实现,存在较大的不确定性。

3.环境不确定性

环境不确定性是指复杂产品研发项目对其所处的环境,尤其是外部环境的相关信息不能完全准确掌握或环境发生变化而导致的不确定性。

4.参研方之间关系的不确定性

复杂产品研发项目或研发活动规模较大,通常需要众多参研方共同协作才能完成,而参研方之间的相互关系会受到各种因素的影响,具有一定的不确定性。

5.人为因素引起的不确定性

复杂产品研发项目参研人员非常多,人为因素引起的不确定性指由于人的能力限制、工作疏忽、主观偏见等原因而引起的复杂产品研发项目不确定性。[171]

6.估计的不确定性

复杂产品研发项目或研发活动的工期、成本、质量等指标没有直接的历史数据可以量化,需要对其取值进行估计,通常不能完全准确无误地估计这些信息,会存在一定的不确定性。[171]

根据研发活动不确定性的各个影响因素,可以计算研发活动的不确定性程度。把每个因素按照各自的特征分为 10 个等级,取值为 1~10,取值越大,研发活动的不确定性程度越高。[171]根据专家对各个因素的打分计算研发活动的不确定性程度,计算公式为:

$$SU_i = \frac{\sum\limits_{i=1}^{m} \omega_j \cdot x_{ij}}{10 \cdot m} \tag{6.11}$$

式中,SU_i 为研发活动 i 的不确定性程度;x_{ij} 为研发活动 i 第 j 个不确定性影响因素的得分;ω_j 为第 j 个影响因素的权重;m 为影响因素个数。

(四)复杂性

复杂产品研发项目的复杂性会受到各个研发活动的复杂性及其之间相互关系的影响。各个研发活动的复杂性又会受到研发活动各个内部元素的复杂性及元素之间的相互关系的影响。复杂产品研发项目的复杂性影响因素主要包括技术复杂性、组织复杂性、研发活动数量、信息复杂性、目标复杂性和内容复杂性等。[168]

1.技术复杂性

复杂产品研发项目的技术复杂性可采用所用技术的创新程度、技术组分之间的集成程度等指标进行描述和量化,通常创新程度或集成程度越高,技术复杂性程度就越高。[168]

2.组织复杂性

复杂产品研发项目组织结构复杂,可采用研发项目组织内部元素之间的相互依赖性和差异性描述组织复杂性。[172][173]其中,组织内部元素之间的差异可通过横向差异、纵向差异和空间分布差异等方面进行描述。

3.研发活动数量

复杂产品研发项目是一个系统工程,在运行过程中需要协调各个研发活动、资源等元素,研发活动的数量将直接影响复杂产品研发项目或研发活动的协调难度,研发活动越多,网络结构越复杂、越难以进行协调。

4.信息复杂性

复杂产品研发项目或研发活动的信息包括内部信息、外部信息两方面。内部信息主要是指来自各参研单位、供应商、客户等单位或部门的信息;外部信息主要是指来自市场状况、政府政策、经济环境等方面的信息。

5.目标复杂性

复杂产品研发项目或研发活动在管理方面要实现工期、成本、质量等目标,在功能方面要实现技术、安全、经济等目标,同时还要满足国家或地区的安全、稳定、经济发展等宏观层面的目标。这些目标之间相互关联、相互影响,甚至会相互制约,而且在复杂产品研发项目运行过程中可能需要动态调整。

6.内容复杂性

复杂产品研发项目或研发活动中涉及的研发活动或活动众多、专业面广,需要多个学科交叉融合。整个研发项目可以划分为宏观、中观、微观等多个层次,每个较高层次的研发活动或活动可以划分为多个子活动,研发范围广、内容多。

按照与不确定性程度类似的方法,计算研发活动的复杂度,其计算公式为:

$$SC_i = \frac{\sum_{k=1}^{n} \mu_k \cdot y_{ik}}{10 \cdot n} \tag{6.12}$$

式中,SC_i 为研发活动 i 的复杂度;y_{ik} 为研发活动 i 第 k 个复杂性影响因素的得分;μ_k 为第 k 个影响因素的权重;n 为影响因素个数。

三、返工参数的表示和量化

在分析研发项目返工影响因素的基础上,进一步研究返工参数与影响因素的关系及量化方法。本节分别对可预测返工参数、隐含返工参数的表示和确定方法进行研究。

(一)可预测返工参数的表示和确定

可预测返工概率矩阵描述了可预测返工迭代的不确定性,以一定的返工概率进行表示。其元素 FRP_{ij} 表示研发活动 j 引发研发活动 i 发生可预测返工的概率。可预测返工概率主要受到引发返工研发活动和发生返工研发活动的技术成熟度、复杂性、不确定性程度以及研发活动之间的依赖度、集成成熟度等因素的影响。通常,引发返工研发活动和发生返工研发活动的复杂性程度越高、不确定性程度越高,发生返工的可能性越大;引发返工研发活动和发生返工研发活动的技术成熟度越低,发生返工的可能性越大;研发活动之间的依赖度越强、集成成熟度越低,发生返工的可能性越大。

可预测返工影响矩阵表示当发生可预测返工时,对返工研发活动的影响程度。其元素 FRI_{ij} 表示研发活动 j 引发研发活动 i 发生可预测返工时,研发活动可预测的返工工作量占其原工作量的比例。可预测返工影响主要受到引发返工研发活动和发生返工研发活动的技术成熟度、复杂性、不确定性程度以及研发活动之间的依赖度、集成成熟度等因素的影响。通常,引发返工研发活动和发生返工研发活动的复杂性程度越高、不确定性程度越高,返工发生时的影响程度越大;引发返工研发活动和发生返工研发活动的技术成熟度越低,返工发生时的影响程度越大;研发活动之间的依赖度越强、集成成熟度越低,返工发生时的影响程度越大。

对可预测返工参数进行量化的步骤为：

（1）根据各个研发活动的功能依赖关系和部件依赖关系，构建扩展的多领域矩阵 EMDM，推导得到研发活动之间的依赖矩阵 ST_DSM，并进行归一化。

（2）计算研发活动之间的集成成熟度。

（3）分析复杂产品研发项目的复杂性、不确定性的各种主要影响因素，分别对各个研发活动的复杂度、不确定性程度进行量化。

（4）当位于非对角线上时，是由某一研发活动引发另一研发活动返工。根据引发返工研发活动的技术成熟度、复杂性、不确定性程度和研发活动之间的依赖度、集成成熟度，研发活动之间的可预测返工概率可以表示为：

$$FRP_{ij} = f_{F1}(ST\_DSM_{ij}, IRL_{ij}, TRL_i, TRL_j, SU_i, SU_j, SC_i, SC_j)$$

$$(6.13)$$

式中，FRP_{ij} 是研发活动 j 引发研发活动 i 发生返工的可预测返工概率；ST_DSM_{ij} 是研发活动 i 对研发活动 j 归一化的依赖度；IRL_{ij} 是研发活动 i 与研发活动 j 的集成成熟度；TRL_i、TRL_j 分别为研发活动 i、研发活动 j 的技术成熟度；SU_i、SU_j 分别为研发活动 i、研发活动 j 的不确定性程度；SC_i、SC_j 分别为研发活动 i、研发活动 j 的复杂度。

当位于对角线上时，是由研发活动自身引发返工。研发活动自环的发生主要由其自身情况决定，可以由研发活动的不确定性、复杂性、技术成熟度等因素表示研发活动的可预测自环概率：

$$FRP_{ii} = f_{F2}(TRL_i, SU_i, SC_i) \qquad (6.14)$$

当位于非对角线上时，根据研发活动之间的依赖度和集成成熟度、引发返工和发生返工研发活动的技术成熟度、复杂性和不确定性程度，可预测返工影响程度可以表示为：

$$FRI_{ij} = \varphi_{F1}(ST\_DSM_{ij}, IRL_{ij}, TRL_i, TRL_j, SU_i, SU_j, SC_i, SC_j)$$

$$(6.15)$$

式中，FRI_{ij} 是研发活动 j 引发研发活动 i 发生可预测返工时的影响程度。

当位于对角线上时，可预测返工影响程度可以表示为：

$$FRI_{ii} = \varphi_{F2}(TRL_i, SU_i, SC_i) \qquad (6.16)$$

(二)隐含返工参数的表示和确定

隐含返工在复杂产品研发项目规划阶段是无法预测的，不能确定哪些研发活动可能会发生隐含返工。隐含返工参数包括隐含返工概率、隐含返工影响程度等。隐含返工参数受到研发项目不确定性、复杂性、系统成熟度等因素的影响。由于隐含返工参数难以预测，在生成隐含返工参数时，首先，分析研发项目的不确定性、复杂性、系统成熟度等影响因素，并确定其取值。其次，根据不确定性、复杂性、系统成熟度等影响因素分别确定隐含返工概率、隐含返工影响程度等返工参数的上限。最后，在 0 至上限范围内产生随机数作为隐含返工参数。

当研发项目的不确定性、复杂性增大时，研发项目的完成难度增大，难以预测的返工工作量增大，隐含返工参数随着不确定性、复杂性的增大而增大。当研发项目的系统成熟度增大时，研发项目开展所需的技术比较成熟、准备比较充分，难以预测的返工工作量减少，隐含返工参数随着系统成熟度的增大而减小。隐含返工参数与不确定性、复杂性、系统成熟度的关系如图 6.2 所示。

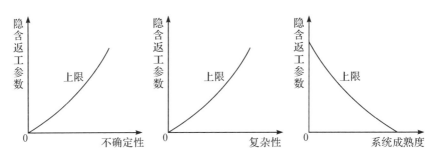

图 6.2　隐含返工参数与影响因素的关系示意

当各个影响因素分别发生变动时,构建隐含返工参数与单因素之间的关系模型。首先构建隐含返工概率上限、隐含返工影响程度上限等参数与不确定性的关系模型。取研发项目的不确定性 U 为自变量,隐含返工概率上限、隐含返工影响程度上限等参数分别为因变量。由前文分析可知,隐含返工概率、隐含返工影响程度等参数均为不确定性 U 的增函数。文献中通常采用幂函数或线性函数描述隐含返工参数与不确定性 U 之间的关系。[53] 幂函数表示隐含返工参数随着不确定性的增大而增大,而且增速会随着不确定性的增大而增快,即当不确定性较小时,增速较慢;当不确定性较大时,增速较快。线性函数表示隐含返工参数随着不确定性的增大而匀速增大,线性函数表示方法相对比幂函数表示方法保守,得到的返工参数相对比幂函数较大。采用幂函数表示隐含返工概率上限与不确定性的关系模型为:$f_{11}(U) = \alpha_{11} U^{v_{11}}$,其中 $(0 < \alpha_{11} \leqslant 1, v_{11} \geqslant 1, 0 < U < 1)$,当 $v_{11} = 1$ 时,该模型为线性模型。隐含返工影响程度上限与不确定性的关系模型为:$f_{12}(U) = \alpha_{12} U^{v_{12}}$,其中 $(0 < \alpha_{12} \leqslant 1, v_{12} \geqslant 1, 0 < U < 1)$。

同样的方法,构建隐含返工参数与复杂性之间的关系模型。由前文分析可知,隐含返工概率、隐含返工影响程度等参数均为复杂性 C 的增函数。隐含返工概率上限与复杂性的关系模型为:$f_{21}(C) = \alpha_{21} C^{v_{21}}$,其中 $(0 < \alpha_{21} \leqslant 1, v_{21} \geqslant 1, 0 < C < 1)$;隐含返工影响程度上限与复杂性的关系模型为:$f_{22}(C) = \alpha_{22} C^{v_{22}}$,其中 $0 < \alpha_{22} \leqslant 1, v_{22} \geqslant 1, 0 < C < 1$。

构建隐含返工参数与系统成熟度之间的关系模型。由前文分析可知,隐含返工概率、隐含返工影响程度等参数均为系统成熟度 R 的减函数。隐含返工概率上限与系统成熟度的关系模型为:$f_{31}(R) = \alpha_{31}(1 - R^{v_{31}})$,其中 $(0 < \alpha_{31} \leqslant 1, 0 < v_{31} \leqslant 1, 0 < R < 1)$;隐含返工影响程度上限与系统成熟度的关系模型为:$f_{32}(R) = \alpha_{32}(1 - R^{v_{32}})$,其中 $(0 < \alpha_{32} \leqslant 1, 0 < v_{32} \leqslant 1, 0 < R < 1)$。

在此基础上,构建隐含返工参数与研发项目的不确定性、复杂性、系统成熟度之间的关系模型。隐含返工概率上限可以表示为：

$$HRP = f_{H1}(U, C, R) \tag{6.17}$$

隐含返工影响程度上限可以表示为：

$$HRI = f_{H2}(U, C, R) \tag{6.18}$$

在研发项目仿真模型中，通过随机方式生成隐含返工概率、隐含返工影响程度等参数，即在某个研发活动完工后，以某一随机概率选择是否引发已完成研发活动的返工。假定在研发项目运行过程中可预测返工概率和隐含返工概率相互不影响。当两个研发活动之间发生隐含返工之后，再次发生隐含返工的概率将会在一定程度上降低，用隐含返工降低系数 $HRPL$ 表示隐含返工概率上限的降低速度。当隐含返工发生时，难以对隐含返工的影响程度进行估计，在仿真模型中随机产生隐含返工的影响程度。

第三节 考虑隐含返工的研发项目仿真

考虑隐含返工的研发项目仿真模型的输入数据为研发活动工期、成本、所需资源、DSM、返工影响因素取值等。在研发项目仿真时，需要根据研发项目返工影响因素计算可预测返工参数，确定隐含返工参数的取值范围。考虑隐含返工情形下研发项目运行过程单次仿真运行流程如图 6.3 所示。

在某个研发活动完工时，可能引发的返工包括可预测返工和隐含返工，如果没有返工的发生，则引发紧后研发活动的执行。当可预测返工次数增加时，根据可预测返工概率降低系数调整可预测返工概率；当隐含返工次数增加时，根据隐含返工概率降低系数调整隐含返工概率上限，由于隐含返工的随机性较强，引发研发活动返工的原因众多，两个研发活动之间重复发生一次隐含返工，隐含返工概率上限

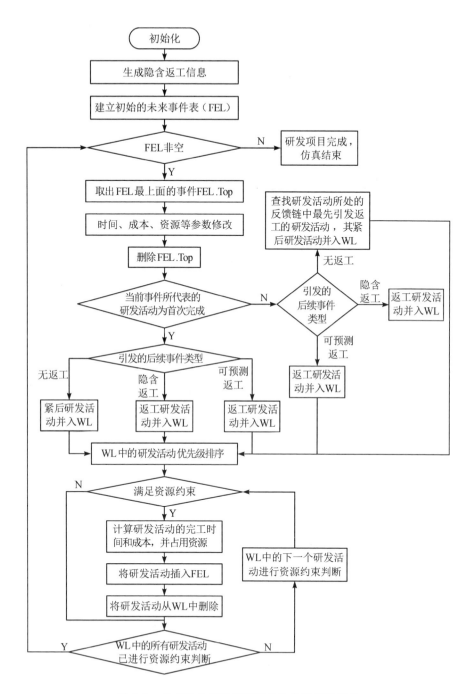

图 6.3　考虑隐含返工情形下单次仿真运行流程

的降低程度较小。当可预测返工发生时,根据可预测返工影响程度、可预测返工次数、学习曲线等计算本次可预测返工的影响程度;当隐含返工发生时,在 0 至隐含返工影响程度上限之间随机生成隐含返工影响程度。

第四节　隐含工作量及研发进度分析

为进一步研究隐含返工对复杂产品研发项目运行效果的影响,在考虑隐含返工的情形下,对研发项目运行过程中的隐含工作量进行分析,并从计划进度、表面进度、实际进度等角度对研发进度进行分析。

一、隐含工作量分析

在复杂产品研发项目运行过程中,由于隐含返工的存在,研发过程中存在一定的隐含工作量,完成隐含工作量需要消耗一定的时间,需要分析研发项目运行过程中的隐含工作时间。

(一)研发活动的隐含工作量

通过仿真数据分析各个研发活动的隐含工作时间,当不考虑隐含返工时某个研发活动执行所需时间为该研发活动的可预测工作时间(首次执行和可预测返工所需时间);当考虑隐含返工时某个研发活动执行所需时间包括可预测工作时间与隐含工作时间。因此,研发活动的隐含工作时间为考虑隐含返工时研发活动执行所需时间减去不考虑隐含返工时研发活动执行所需时间。其表达式为:

$$TRT_i = TT_i - TIT_i \qquad (6.19)$$

$$HRT_i = TRT_i - FRT_i \qquad (6.20)$$

式中,TRT_i 为研发活动 i 的返工时间;TT_i 为完成研发活动 i 所需的总时间；TIT_i 为首次完成研发活动 i 所需的时间；HRT_i 为研发活动 i 的隐含返工时间；FRT_i 为研发活动 i 的可预测返工时间。

(二)研发过程中的隐含工作量

为分析研发项目的隐含工作量，估计各个研发活动首次完成时的整个研发项目的隐含返工工作量。当某个研发活动首次完工时，整个研发项目的隐含工作量为所有已完成研发活动的隐含工作量之和。其表达式为：

$$HT_{it} = \sum_{i \in A} (TT_i - UT_{it}) \cdot \frac{HRT_i}{TRT_i} \qquad (6.21)$$

式中，HT_{it} 为在 t 时刻当研发活动 i 首次完成时整个研发项目的隐含返工工作量；A 为已经完成的研发活动集合；UT_{it} 为 t 时刻执行研发活动 i 已消耗的时间。

二、研发进度的分类与评估模型

由于在研发项目运行过程中难以对完成整个研发项目所需的时间进行准确估计，研发项目的进度分析相对比较复杂。从计划进度、表面进度和实际进度等方面进行研发进度分析。

(一)已完成工作量

已完成工作量是指执行研发项目已经消耗的工作时间。通过仿真输出，可以得到整个研发项目中所有研发活动首次执行所消耗的总时间、可预测返工所消耗的总时间、隐含返工所消耗的总时间以及整个研发项目所消耗的总时间。在时刻执行研发活动已经消耗的时间可表示为：

$$UT_{it} = UTI_{it} + UTFR_{it} + UTHR_{it} \qquad (6.22)$$

式中，UT_{it} 为在 t 时刻执行研发活动 i 消耗的时间；UTI_{it} 为在 t 时刻执行研发活动 i 的首次执行所消耗的时间；$UTFR_{it}$ 为在 t 时刻执行

研发活动 i 的可预测返工所消耗的时间;$UTHR_{it}$ 为在 t 时刻执行研发活动 i 的隐含返工所消耗的时间。

(二)计划进度

计划进度是指通过对研发项目的分析和估计,在确保研发项目工期和里程碑时间节点的前提下,对各个研发活动的顺序关系和执行时间进行合理规划得到的研发项目运行进度。

以不考虑隐含返工时的研发项目仿真输出工期作为估计工期。在估计工期的基础上加上一定的工期余量作为计划工期,工期余量可以用工期的一定比例进行表示。计划工期表示为:

$$PD = FD + DM$$
$$= FD \cdot (1 + RDM) \tag{6.23}$$

式中,PD 为研发项目的计划工期;FD 为研发项目的估计工期;DM 为工期余量;RDM 为工期余量比例,即工期余量与估计工期的比例。

假设计划工期对应的时间点的研发项目计划进度为 100%,取不考虑隐含返工时的研发项目平均工期在 $[0.95 \cdot PD, PD]$ 范围内的仿真数据,以这些仿真数据的平均进度作为计划进度。由于计划工期已经考虑了工期余量,因此,所得到的计划进度也包含了一定的进度余量。

(三)表面进度

表面进度是在研发项目运行过程中,管理者根据当前已完成工作量和估计的未完成工作量计算得到的进度。在根据仿真数据分析研发项目的表面进度时,可用已完成的工作量与估计完成所需的总工作量的比表示表面进度。估计的剩余工作量往往只会考虑研发活动首次执行和可预测返工所需的工作量,不考虑隐含返工,因此,表面进度可以表示为:

$$SP_t = \frac{\sum\limits_{i=1}^{n} UT_{it}}{TotalIT + TotalFRT + \sum\limits_{i=1}^{n}(UT_{it} - UTI_{it} - UTFR_{it})} \quad (6.24)$$

式中，SP_t 为 t 时刻研发项目的表面进度；$TotalIT$ 为所有研发活动首次执行所需的总时间；$TotalFRT$ 为所有研发活动可预测返工执行所需的总时间；n 为所有的研发活动个数。

(四)实际进度

实际进度是在研发项目完成后，根据研发项目实际执行情况分析而得到的进度。在研发项目运行过程中，实际进度难以直接获得，可在整个研发项目完成后，通过研发项目的实际执行过程数据分析得到实际进度。根据研发项目仿真数据分析实际进度时，以考虑隐含返工时的研发项目进度作为实际进度。

以 t 时刻已经完成的工作量与总工作量的比作为实际进度，在 t 时刻整个研发项目的实际进度可表示为：

$$AP_t = \frac{\sum\limits_{i=1}^{n} UT_{it}}{TotalT} \quad (6.25)$$

式中，AP_t 为 t 时刻研发项目的实际进度；$TotalT$ 为完成整个研发项目所需的总时间。

(五)进度差距

在复杂产品研发项目运行过程中，由于隐含返工的存在，研发项目的实际进度通常会小于其表面进度，表面进度与实际进度之间的差距称为进度差距。进度差距可表示为：

$$PG_t = SP_t - AP_t \quad (6.26)$$

式中，PG_t 为研发项目在 t 时刻的进度差距。

第五节 算例研究

一、参数取值及返工参数计算

根据复杂产品研发项目的功能结构、部件结构、研发活动构成等构建 EDMM,如图 6.4 所示。采用前文介绍的 ST_DSM 推导计算方法,根据 EDMM 可以推导计算得到归一化的 ST_DSM。

F_1	F_1													
F_2		F_2												
F_3			F_3											
F_4		3		F_4										
F_5					F_5									
F_6					1	F_6								
C_1	$T_1,1,3$						C_1							
C_2		$T_2,2,1$	$T_3,2,2$				2	C_2						
C_3			$T_4,1,2$						C_3					
C_4		$T_5,3,2$		$T_6,2,2$						C_4				
C_5				$T_7,1,1$	$T_8,1,2$				1		C_5			
C_6		$T_9,2,1$			$T_{10},2,2$						3	C_6		
C_7			$T_{11},1,3$										C_7	
C_8				$T_{12},1,1$	$T_{13},2,2$								2	C_8
C_9						$T_{14},2,3$								C_9

图 6.4 复杂产品研发项目的 EDMM

分析复杂产品研发项目的各个研发活动所用到的关键技术,可以得到各个研发活动的技术成熟度。分析研发活动之间的集成关系,可以得到研发活动之间的集成成熟度。研发活动的技术成熟度及研发活动之间的集成成熟度如图 6.5 所示。

研发活动	技术成熟度	集成成熟度													
		T_1	T_2	T_3	T_4	T_5	T_6	T_7	T_8	T_9	T_{10}	T_{11}	T_{12}	T_{13}	T_{14}
T_1	9														
T_2	8	8								8					
T_3	8		8		7										
T_4	7	7		7											
T_5	7	8		7			8		7				8	7	
T_6	6	6				8									
T_7	6	7					7								
T_8	7	8					6						6		
T_9	6	8		8	6				7						
T_{10}	7				6		7	6	8			7			
T_{11}	6						6	8	6		8				
T_{12}	7	8					7	6			6	7			
T_{13}	6	7				7							8		
T_{14}	9	8	9	9	8	8	8	8	8	8	8	8	9	9	

图 6.5　研发活动的技术成熟度及研发活动之间的集成成熟度

通过市场不确定性、技术不确定性、环境不确定性、相互关系的不确定性、人为因素的不确定性、估计的不确定性等指标衡量各个研发活动的不确定性。通过技术复杂性、组织复杂性、包含的活动数量、信息复杂性、目标复杂性、内容复杂性等指标衡量各个研发活动的复杂性。各个研发活动的各种不确定性、复杂性影响因素的取值如表 6.1 所示。

表 6.1　各个研发活动的不确定性和复杂性影响因素取值

研发活动	不确定性影响因素						复杂性影响因素					
	市场	技术	环境	相互关系	人为因素	估计	技术	组织	活动数量	信息	目标	内容
T_1	2	6	3	4	6	5	3	2	4	2	3	3
T_2	3	2	4	3	6	2	2	4	5	3	6	4
T_3	6	2	3	5	3	4	4	3	1	5	4	2
T_4	3	1	4	2	4	6	4	5	3	5	2	3
T_5	6	7	8	6	5	7	6	8	7	7	6	8
T_6	1	3	4	2	5	3	3	2	6	4	3	3
T_7	3	5	2	4	8	5	1	2	4	7	3	2

研发活动	不确定性影响因素						复杂性影响因素					
	市场	技术	环境	相互关系	人为因素	估计	技术	组织	活动数量	信息	目标	内容
T_8	6	3	2	4	2	1	2	3	7	2	3	4
T_9	4	1	4	6	3	4	4	3	4	2	2	3
T_{10}	3	2	5	7	1	3	3	4	2	6	8	3
T_{11}	2	4	3	5	3	2	3	6	2	2	3	1
T_{12}	3	4	2	3	5	6	4	3	5	3	3	2
T_{13}	7	6	8	8	5	7	7	6	5	5	8	6
T_{14}	4	5	3	5	6	3	3	5	3	2	6	4

根据研发活动之间的依赖度、成熟度、不确定性和复杂性等影响因素的取值，可以计算可预测返工概率。在本算例中，对于 DSM 的非对角线元素，可预测返工概率的计算公式为：

$$FRP_{ij} = ST\text{—}DSM_{ij} \cdot \left\{ \begin{array}{l} 0.1 \cdot \left(1 - \dfrac{TRL_i}{RM}\right) + 0.15 \cdot \left(1 - \dfrac{TRL_j}{RM}\right)^{0.5} + 0.1 \cdot SU_i \\ + 0.3 \cdot SU_j^{0.5} + 0.1 \cdot SC_i + 0.15 \cdot SC_j^{0.5} + 0.1 \cdot \left(1 - \dfrac{IRL_{ij}}{RM}\right) \end{array} \right\} \quad (6.27)$$

对于 DSM 中的对角线元素，可预测返工概率的计算公式为：

$$FRP_{ii} = 0.4 \cdot \left(1 - \frac{TRL_i}{RM}\right)^2 + 0.3 \cdot SU_i + 0.3 \cdot SC_i^2 \quad (6.28)$$

在本算例中，对于 DSM 中的非对角线元素，可预测返工影响程度的计算公式为：

$$FRI_{ij} = ST\text{—}DSM_{ij}^{0.5} \cdot \left\{ \begin{array}{l} 0.2 \cdot \left(1 - \dfrac{TRL_i}{RM}\right)^{0.5} + 0.1 \cdot \left(1 - \dfrac{TRL_j}{RM}\right) + 0.15 \cdot SU_i^{0.5} \\ + 0.1 \cdot SU_j + 0.25 \cdot SC_i^{0.5} + 0.1 \cdot SC_j + 0.1 \cdot \left(1 - \dfrac{IRL_{ij}}{RM}\right)^{0.5} \end{array} \right\} \quad (6.29)$$

对于 DSM 的对角线元素，可预测返工影响程度的计算公式为：

$$FRI_{ii} = 0.4 \cdot \left(1 - \frac{TRL_i}{RM}\right) + 0.4 \cdot SU_i^2 + 0.2 \cdot SC_i \quad (6.30)$$

通过计算,可以得到研发活动之间的可预测返工概率、可预测返工影响程度如图 6.6 所示。

研发活动	T_1	T_2	T_3	T_4	T_5	T_6	T_7	T_8	T_9	T_{10}	T_{11}	T_{12}	T_{13}	T_{14}
T_1	0.11/0.09													
T_2	0.07/0.17	0.13/0.15	0.09/0.20		0.34/0.41				0.16/0.26					
T_3	0.16/0.27	0.07/0.17	0.12/0.14	0.08/0.18							0.10/0.21			
T_4			0.08/0.19	0.13/0.18							0.05/0.15			
T_5		0.31/0.43			0.31/0.30	0.20/0.32			0.33/0.44					
T_6		0.20/0.32			0.50/0.52	0.18/0.24	0.11/0.24		0.21/0.33		0.11/0.23			
T_7		0.10/0.23		0.03/0.13	0.18/0.32	0.09/0.21	0.16/0.23	0.11/0.23	0.10/0.23			0.05/0.16		
T_8				0.07/0.18			0.11/0.23	0.17/0.21	0.11/0.23			0.11/0.25		
T_9		0.19/0.31			0.35/0.44		0.05/0.16	0.09/0.21	0.15/0.22	0.11/0.23				
T_{10}							0.09/0.22	0.27/0.25	0.10/0.23	0.18/0.22			0.23/0.36	
T_{11}			0.10/0.22	0.05/0.16							0.15/0.22			
T_{12}		0.10/0.22			0.17/0.31	0.09/0.	0.05/0.15		0.10/0.22		0.09/0.20	0.15/0.20	0.11/0.25	
T_{13}								0.11/0.26		0.23/0.37	0.22/0.36	0.09/0.22	0.28/0.31	
T_{14}								0.03/0.09	0.06/0.13				0.06/0.13	0.13/0.11

图 6.6　可预测返工概率及影响程度矩阵

在本算例中,隐含返工概率上限的计算公式为:

$$HRPM = 0.3 \cdot U^2 + 0.3 \cdot C^3 + 0.4 \cdot (1 - SRL)^2 \quad (6.31)$$

隐含返工影响程度上限的计算公式为:

$$HRIM = 0.15 \cdot U + 0.35 \cdot C + 0.5 \cdot (1 - SRL)^2 \quad (6.32)$$

通过计算,可以得到研发项目的隐含返工概率上限为 0.041、隐含返工影响程度上限为 0.147。

二、隐含返工对研发任务运行效果的影响

(一)考虑隐含返工与不考虑隐含返工时的研发任务运行效果比较

在分析返工对复杂产品研发项目工期、成本的影响时,分为两种情况进行讨论:只考虑可预测返工影响、综合考虑可预测返工和隐含返工影响。

当只考虑可预测返工对研发工期、成本的影响时,返工参数主要包括 DSM、可预测返工概率、可预测返工影响程度等。取可预测返工

概率、可预测返工影响程度等参数为定值。当综合考虑可预测返工和隐含返工对研发工期、成本的影响时,返工参数主要包括 DSM、可预测返工概率、可预测返工影响程度、隐含返工概率上限、隐含返工影响程度上限等。可预测返工参数与前一种情况相同,隐含返工参数采用随机的方式生成。

根据计算结果确定隐含返工概率、隐含返工影响程度等的随机生成范围,分别对只考虑可预测返工(不考虑隐含返工)、综合考虑可预测返工和隐含返工情况下的研发项目运行过程仿真 5000.0 次。在不考虑隐含返工情形下,研发工期、成本均值分别为 137.1 天、666.4 千美元;在考虑隐含返工的情形下,研发工期、成本均值分别为 147.5 天、736.5 千美元。可见,由于隐含返工的存在,在很大程度上增加了研发工期、成本。

两种情况下研发工期、成本的频次直方图如图 6.7 所示。其中,在图(a)中,上斜线纹理填充直方图表示不考虑隐含返工时研发工期的分布情况,下斜线纹理填充直方图表示考虑隐含返工时研发工期的分布情况;在图(b)中,上斜线纹理填充直方图表示不考虑隐含返工时研发成本的分布情况,下斜线纹理填充直方图表示考虑隐含返工时研发成本的分布情况。

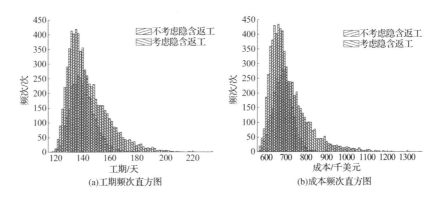

图 6.7　工期、成本频次直方图

两种情况下研发工期、成本的频率累积曲线如图 6.8 所示。其中,在图(a)中,实线表示不考虑隐含返工时研发工期的累积曲线,虚线表示考虑隐含返工时研发工期的累积曲线;在图(b)中,实线表示不考虑隐含返工时研发成本的累积曲线虚线表示考虑隐含返工时研发成本的累积曲线。

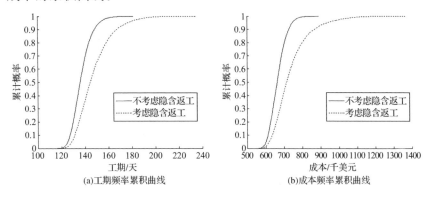

(a)工期频率累积曲线　　　　　(b)成本频率累积曲线

图 6.8　工期、成本频率累积曲线

由图 6.7、图 6.8 可知,不考虑隐含返工时,研发工期、成本的波动范围相对较小,分布相对较集中。考虑隐含返工时,由于隐含返工的存在,使得复杂产品研发项目运行过程中的不确定性更大,研发的工期和成本的波动范围相对较大,分布相对较分散。也就是说,相对于只考虑可预测返工时的研发项目运行效果而言,考虑隐含返工时的研发工期和成本的均值更大,波动范围更大,分布更分散。

分别分析在考虑隐含返工情形下和不考虑返工情形下的各个研发活动的平均返工次数,如表 6.2 所示。当不考虑隐含返工时,返工仅包括可预测返工,各个研发活动的返工次数都较少,整个研发项目运行过程中返工总次数为 10.07 次;当考虑隐含返工时,返工包括可预测返工和隐含返工,各个研发活动的返工次数都有了很大程度的增加,整个研发项目运行过程中返工总次数为 30.40 次。可见,隐含返工会导致研发项目的大量返工,在很大程度上增加各个研发活动的平均返工次数。

表 6.2　各研发活动的平均返工次数

仿真情形	T_1	T_2	T_3	T_4	T_5	T_6	T_7	T_8	T_9	T_{10}	T_{11}	T_{12}	T_{13}	T_{14}
不考虑 隐含返工	0.12	1.35	0.44	0.22	2.04	1.63	0.94	0.59	0.83	0.67	0.20	0.40	0.49	0.15
考虑 隐含返工	1.11	3.37	1.91	1.34	4.75	4.25	2.77	1.76	2.55	1.99	1.29	1.64	1.33	0.34

(二)隐含返工参数取值对研发项目运行效果的影响

为了进一步分析不同的隐含返工参数对研发工期、成本的影响,分别在不同的范围取随机数作为隐含返工概率、隐含返工影响程度等参数,对不同参数情形下的研发工期、成本进行比较,分析隐含返工对复杂产品研发项目工期、成本的影响程度。隐含返工概率随机数生成范围为:下限为 0.000,上限分别为 0.005、0.010……0.150;隐含返工影响程度随机数生成范围为:下限为 0.000,上限分别为 0.010、0.020……0.300。分别取不同的隐含返工参数上限的组合进行仿真,可以得到不同隐含返工参数上限情况下的研发工期、成本。

根据仿真数据绘制隐含返工概率上限、隐含返工影响程度上限与返工次数的关系图,如图 6.9 所示。图中,坐标轴 X 表示隐含返工影响程度上限,坐标轴 Y 表示隐含返工概率上限,坐标轴 Z 表示整个研发项目的返工总次数。

由图可见,研发活动的返工总次数随着隐含返工概率上限的增大而急剧增大;隐含返工影响程度上限的变化对返工次数没有明显的影响。当隐含返工概率上限增大时,随机生成的隐含返工概率的均值变大,研发活动返工的可能性增大,而且在研发网络中,某个研发活动返工又可能会引发其他研发活动的返工,存在着传递效应。因此,返工次数会随着隐含返工概率上限的增大而增大,而且返工次数的增大速度会随着隐含返工概率上限的增大而快速增大。

根据仿真数据绘制隐含返工概率上限、隐含返工影响程度上限与复杂产品研发项目工期的关系图,如图 6.10 所示。图中,坐标轴 X 表示隐含返工影响程度上限,坐标轴 Y 表示隐含返工概率上限,坐标轴 Z 表示研发工期。

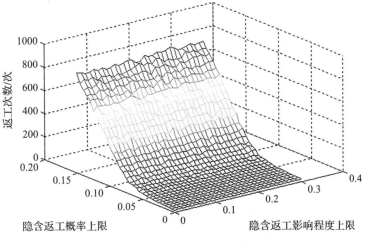

图 6.9 隐含返工参数与返工次数的关系

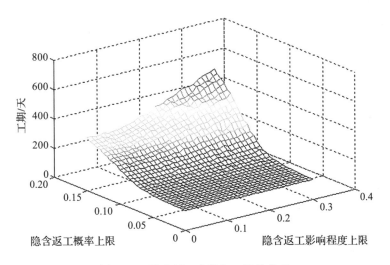

图 6.10 隐含返工参数与工期的关系

同样,根据仿真数据绘制隐含返工概率上限、隐含返工影响程度上限与复杂产品研发项目成本的关系图,如图 6.11 所示。图中,坐标轴 X 表示隐含返工影响程度上限,坐标轴 Y 表示隐含返工概率上限,坐标轴 Z 表示研发成本。

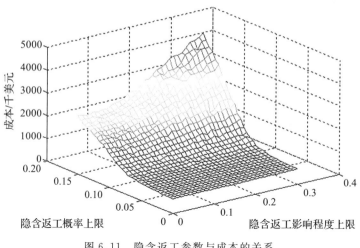

图 6.11　隐含返工参数与成本的关系

可见,复杂产品研发项目的工期、成本均会随着隐含返工概率上限、隐含返工影响程度上限的增大而增大。当隐含返工概率上限增大时,在复杂产品研发项目运行过程中研发活动隐含返工的概率增大,从而造成实际发生返工的研发活动数量增多,复杂产品研发项目工期、成本增大。随着隐含返工概率上限的增大,研发工期、成本的增大速度越来越快。当隐含返工影响程度不变时,研发工期、成本与隐含返工概率上限大致呈一条指数曲线。当隐含返工影响程度上限增大时,隐含返工研发活动的影响程度增大,返工工作时间相应会有所增加,复杂产品研发项目工期、成本增大。随着隐含返工影响程度上限的增大,研发工期、成本的增大速度也会逐渐越来越快,但相比前者增加速度较慢。也就是说,当隐含返工概率上限、隐含返工影响程度上限增大时,研发工期、成本会增大,且增大速度越来越快,隐含返工概率上限增大时研发工期、成本的增大速度更快。

三、隐含工作量的计算与分析

通过仿真数据分析,可得到各个研发活动的可预测返工时间和隐含返工时间,如表 6.3 所示。整个研发项目的可预测返工时间为 15. 29 天,隐含返工时间为 23.80 天,隐含返工时间较大。也就是说,在研发项目规划阶段很多返工难以预测到,但是,在研发项目运行过程中,这些隐含返工需要消耗较多的研发时间。因此,在制定研发项目计划工期时,要充分考虑隐含返工。在考虑了可预测返工对研发项目的估计工期的基础上,根据研发项目的不确定性、复杂性、系统成熟度等因素对估计工期进行一定程度的宽限,保证研发项目能够以较大的概率按照计划工期完成。

表 6.3 各个研发活动的工期和返工时间

研发活动	初始工期/天	可预测返工时间/天	隐含返工时间/天
T_1	2.30	0.01	0.18
T_2	6.18	0.49	0.81
T_3	3.22	0.13	0.39
T_4	10.51	0.13	0.88
T_5	18.47	3.26	3.26
T_6	9.99	5.65	7.63
T_7	8.40	0.54	1.00
T_8	6.16	0.82	1.06
T_9	20.00	1.05	2.22
T_{10}	12.32	0.96	1.25
T_{11}	18.53	0.57	1.99
T_{12}	15.76	0.40	1.22
T_{13}	32.85	1.22	1.83
T_{14}	5.25	0.06	0.08

通过仿真数据分析,各个研发活动的首次完成时间及各个研发活动首次完成时的研发项目隐含工作总时间如图 6.12 所示。

各个研发活动首次完成时的时间均值为:2.30,8.50,11.78,23.30,27.04,39.20,50.11,57.01,77.83,92.92,42.18,100.46,135.03,144.08;当各个研发活动首次完成时,整个研发项目的隐含返工工作时间均值为:0.18,0.97,1.32,2.31,5.19,12.22,12.43,12.75,14.05,10.66,11.36,9.69,7.92,3.81。在研发项目运行过程中,隐含返工工作时间先增多后减少。在研发项目运行的前期阶段,

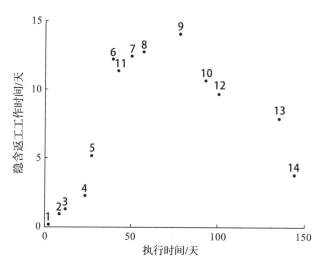

图 6.12 各研发活动首次完成时的研发项目隐含返工总时间

已经完成的研发活动很少,其隐含的返工工作时间很小;随着研发项目的不断进行,某些隐含返工逐渐被发现并完成的同时,完工的研发活动越来越多,隐含的返工工作时间也越来越多;在研发项目运行的后期阶段,研发活动之间不断地进行集成验证,隐含返工逐渐被发现并完成,隐含的返工工作时间逐渐减少。

四、研发进度的计算与分析

通过仿真得到不考虑隐含返工时的研发项目平均工期为 137.2 天,以此工期作为研发项目的估计工期,取工期余量比例为 10%,则计算得到计划工期为 150.8 天。假设计划工期对应的时间点的研发项目计划进度为 100%,取不考虑隐含返工时的研发工期在 [143.3,150.8]范围内的仿真数据,以这些仿真数据的进度均值作为计划进度数据。根据前一节介绍的方法,以所有仿真的表面进度数据计算各个时刻的研发项目平均表面进度,以所有仿真的实际进度数据计算各个时刻的研发项目平均实际进度。绘制研发项目的计划进度、平均表面进度、平均实际进度,如图 6.13 所示。

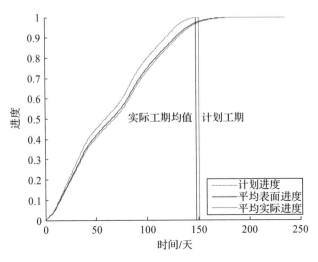

图 6.13　研发项目进度比较

　　由于隐含返工的存在,在研发项目运行过程中,表面进度通常会大于实际进度,如果依据表面进度数据进行决策往往会偏乐观,需要根据表面进度数据深入分析整个研发项目的实际进度,以此作为研发项目调整的依据。在制定研发项目的计划工期时,虽然给研发项目留出了一定的工期余量,但是,由于隐含返工的存在,会增加研发项目的工作量,导致实际工期可能会大于计划工期,仍存在一定的超期风险。平均表面进度和平均实际进度数据均为多次仿真数据的均值,而每次仿真得到的进度数据存在较大的差异,如果是单次研发项目仿真数据,也可能会存在表面进度、实际进度大于计划进度的情形。

　　为进一步分析研发项目运行过程中各个时间点上的表面进度与实际进度的差距,以各个时间点上的平均表面进度减去平均实际进度得到表面进度与实际进度的进度差距,如图 6.14 所示。

　　在复杂产品研发项目运行过程中,平均表面进度与平均实际进度的差距先增大后减小。在复杂产品研发项目初期,实际进度与表面进度基本一致,进度差距较小;随着研发项目的进行,未被发现的隐含返工可能会越来越多,实际进度与表面进度的差距越来越大;在复杂产品研发项目后期,随着研发活动的对接、集成验证,之前未被发现的错误、不兼容

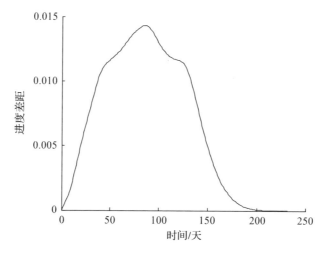

图 6.14　平均表面进度与平均实际进度的差距

等问题逐渐被发现,隐含返工量逐渐减少,实际进度与表面进度的差距越来越小。实际进度与表面进度都达到 100％时,进度差距为 0,复杂产品研发项目完工。

五、隐含返工参数取值对研发进度的影响

(一)隐含返工概率对研发进度的影响

为进一步分析隐含返工概率对研发进度的影响,令隐工影响程度上限取 0.20,隐含返工概率上限分别取 0.05、0.10、0.15,分别根据仿真数据绘制研发项目的平均表面进度、平均实际进度、进度差距,如图 6.15所示。

由不同隐含返工概率上限时的研发进度及进度差距比较可知,隐含返工概率上限越大,研发项目的平均表面进度越慢、平均实际进度越慢,完成研发项目所需的工期越长。随着隐含返工概率上限的增大,研发项目运行过程中隐含的返工量增多,平均表面进度与平均实际进度的差距越来越大。取不同的隐含返工概率上限时,进度差距的变动幅度和变动时间区间虽然不同,但其变化趋势均是先增大后减小。隐含返工概率上限变化时,进度差距曲线的变动幅度非常大,说

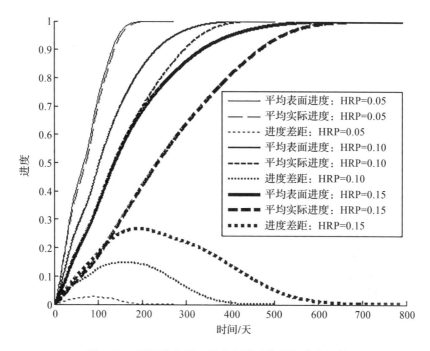

图 6.15　不同隐含返工概率上限时的研发进度比较

明隐含返工概率上限的取值对进度差距的影响程度非常大。

（二）隐含返工影响程度对研发进度的影响

为进一步分析隐含返工影响程度对研发进度的影响,令隐含返工概率上限取 0.10,隐含返工影响程度上限分别取 0.10、0.20、0.30,分别根据仿真数据绘制研发项目的平均表面进度、平均实际进度、进度差距,如图 6.16 所示。

由不同隐含返工影响程度上限时的研发进度及进度差距比较可知,隐含返工影响程度上限越大,研发项目的平均表面进度越慢,且变慢的程度相对较小;研发项目的平均实际进度越慢,且平均实际进度变慢的程度更大。但是,无论是研发项目平均表面进度的变化幅度,还是研发项目平均实际进度的变化幅度,均比隐含返工概率上限变化时的变化幅度小。随着隐含返工影响程度上限的增大,在研发项目运行过程中隐含的返工增多,平均表面进度与平均实际进度的差距越来

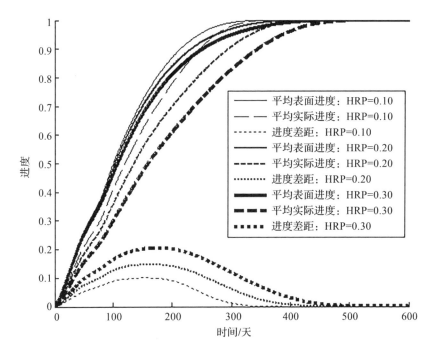

图 6.16 不同隐含返工影响程度上限时的研发进度比较

越大。取不同的隐含返工影响程度上限时,进度差距虽然不同,但是其变化趋势都是先增大后变小。隐含返工影响程度上限变化时,进度差距曲线的变动幅度较大,说明隐含返工影响程度上限的取值对进度差距有一定程度的影响,但影响程度相对隐含返工概率上限变化时较小。

第六节 本章小结

本章在传统仿真模型的基础上,结合复杂产品研发项目的实际情况,考虑了隐含返工的影响,构建能够更真实地反映复杂产品研发项目的实际运作过程的仿真模型。把复杂产品研发项目返工分为可预测返工和隐含返工,分别对可预测返工和隐含返工进行解释,并采用不同的方法对两种类别返工的参数进行表示和量化。分析返工的主要影响因素,并建立返工主要影响因素与返工参数之间的关系模型,量化返工参数。在此基础上,通过研发项目仿真模型,定量分析返工类型、返工参数对研发项目工期、成本、进度的影响。

通过研究发现,相对于只考虑可预测返工时的研发项目工期、成本而言,综合考虑可预测返工和隐含返工时的研发项目的平均工期、平均成本更大,工期和成本的波动范围更大、分布更分散,返工次数更多。也就是说,隐含返工的存在会增大研发项目的工期和成本,并增大研发项目的工期和成本的波动范围。复杂产品研发项目的工期、成本均会随着隐含返工概率上限、隐含返工影响程度上限的增加而增大,其中,隐含返工概率上限对复杂产品研发项目工期、成本的影响程度较大。已完成的研发活动中的隐含返工工作时间随着研发项目的进行先增多后减少,研发项目完工时,隐含返工工作量减小至0。由于隐含返工的存在,在研发项目运行过程中,表面进度通常会大于实际进度,进度差距随着研发项目的进行先增大后减小。隐含返工概率上限或隐含返工影响程度上限取值越大,进度差距变化幅度越大,且隐含返工概率上限的变化对进度差距的影响程度越大。

第七章 需求变更对复杂产品研发项目运行过程的影响

第一节 研究背景及意义

随着市场需求越来越趋于多样化、个性化,产品的更新换代速度越来越快,企业对产品研发的重视程度越来越高。[174]新产品研发可以提高市场绩效,同时有助于提高销售量和增大市场占有份额。[175][176]信息化、互联网、大数据等技术的快速发展,使得产品研发项目的组织和管理模式发生了重大变革,产品研发项目网络结构更加复杂,研发过程中的不确定性因素更多。

产品研发项目通常资源投入量大、时间紧、任务重,需要多个参研单位合作完成,并需要较大程度的创新,整个研发项目非常复杂,并存在很大的不确定性。[141]产品研发过程是一个动态系统,包含很多回路,需要分析相关信息的传输和反馈过程,合理估计研发项目工期,有效控制研发进度。[177]但是,由于产品研发项目具有很高的复杂性和不确定性,而且在研发项目运行过程中可能会发生需求变更,难以对其工期、成本、所需资源等进行准确估计和控制,造成研发项目工期超期、费用超支等现象,甚至被迫终止。[178]在产品研发过程中,会发生大量的返工迭代,返工是影响研发项目工期的一个重要因素。[179]通常,研发项目越复杂、参与研发的单位越多,返工次数越多。[180]返工迭代具有积极作用,例如对研发项目的认识逐渐明确和细化,循序渐进地解决问题,完成项目的质量不断提高等,但返工会增加研发项目的工期、成本和资源消耗。[18][143]返工可能由多种因素引发,例如研发错误、需求变更、技术创新、性能改进、环境因素干扰等。[78]随着产品研发项目的进行,客户对产品需求的认识越来越明确、具体,产品功能、技术、外观等方面的要求可能会随之发生变化。因此,在产品研发过程中,需求变更是不可避免的,是引发返工的重要因素。需求变更随机性强、对研发项目的影响程度大,会造成大量的研发项目返工,进而导致研发项目工期的大幅度增大,需要重点分析需求变更对研发项目进度的影响。

本章通过数学模型描述需求变更参数,通过系统动力学仿真建模研究需求变更对研发项目的影响。分析研发项目的运行过程和运行机理,基于系统动力学方法构建研发项目仿真模型,深入分析需求变更的产生原因和对产品研发项目的影响。有效考虑需求变更的随机性和研发项目运行过程的动态性,更为准确地估计产品研发工期。本章研究的主要贡献包括:(1)基于系统动力学方法对产品研发项目进行仿真建模,更能准确反映研发项目的动态运行过程,通过仿真模型深入分析产品研发项目的运行过程和运行机理。(2)分析需求变更的产生原因、量化表示方法、系统动力学模型参数表示,在此基础上,分析和量化需求变更对研发项目的影响,更合理地估计研发工期,为研发项目管理者科学决策提供重要依据。

第二节　问题描述

　　产品研发所需时间长、不确定性大、复杂性高,在研发过程中通常会发生需求变更。本章主要研究需求变更对产品研发进度的影响。产品研发项目划分为概念研发、详细设计、试生产等三个阶段。[64]研发项目流程如图 7.1 所示。三个研发阶段按照顺序执行,但可以重叠进行。各个研发阶段之间相互联系、相互影响。后阶段的信息输入依赖于前阶段的信息输出;前阶段的返工或信息变更会引发后阶段的返工。后阶段的检测可以发现前阶段研发项目中存在的错误。在研发项目运行过程中,每个研发阶段都可能会发生需求变更,需求变更的概率和影响程度都是随机发生的,需求变更的发生会直接导致本阶段

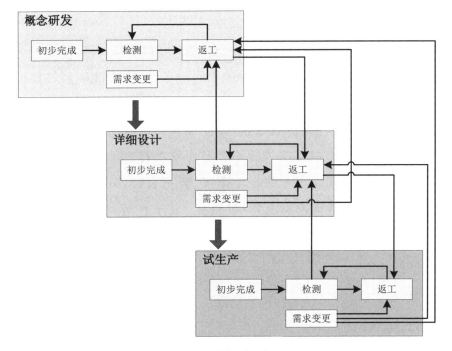

图 7.1　研发项目流程

及上游阶段的部分研发项目返工。每个研发阶段包括完成、检测、需求变更、返工等四类活动,活动之间存在串行、并行、信息依赖等关系。每个研发阶段首先进行研发项目的初步完成,初步完成的研发项目中可能会存在错误,需要进行检测。检测过程中,可以发现研发项目中的部分错误。检测完成之后,对所发现的错误的研发项目进行返工,在返工过程中,也可能会发生错误。同时,研发项目返工会造成信息变更,信息变更会引发依赖该阶段信息的下游阶段的研发项目返工。返工完成之后,再次对研发项目进行检测,直到研发项目达到质量要求,研发项目完成。

由于需求变更可能会在产品研发项目运行过程中随机发生,使得研发项目决策者在规划阶段难以对研发项目的工期进行合理预测。为研究需求变更对产品研发项目的影响,在现有文献研究的基础上,通过数学建模对需求变更概率、需求变更影响程度等需求变更参数进行描述。基于系统动力学对产品研发项目进行仿真建模,分析需求变更对研发进度、隐含返工等研发项目运行参数的影响。

第三节 产品研发项目系统动力学建模

在系统动力学模型中,把产品研发项目分为概念研发、详细设计、试生产等三个阶段。每个研发阶段的模型中主要包括完成、检测、需求变更、返工等活动,各个活动又受到多个因素的影响。某一阶段的研发项目的系统动力学模型如图 7.2 所示。[62][64] 图 7.2,首先进行研发项目的完成,研发项目完成后,需要对其进行检测,发现其中的错误,进行研发项目的返工。在研发项目完成、检测和返工的同时,可能会受到需求变更、研发错误、信息变更等因素的影响,导致已完成的研发项目发生返工。

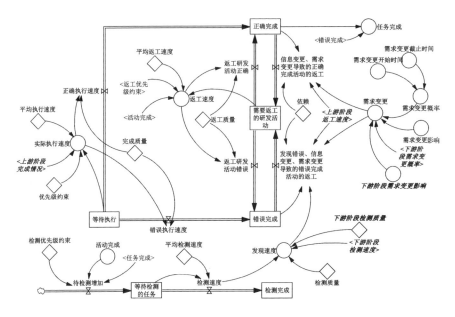

图 7.2　产品研发项目系统动力学模型

一、流量和存量

在本章构建的研发项目系统动力学模型中包含六个存量：Tasks Remaining（TR）表示未完成的研发活动；Tasks－Done－Correctly（TDC）表示已经正确完成的研发活动；Development Errors（DE）表示已经完成的研发活动中存在的错误；Tasks to be Reworked（TRe）表示需要进行返工的研发活动；Testing Remaining（TeR）表示等待检测的研发活动；Testing Completed（TeC）表示已经完成检测的研发活动。

在研发项目的系统动力学模型中的流量主要包括：Complete Tasks Correctly（ctc）表示正确完成研发活动；Complete Tasks Wrongly（ctw）表示错误完成研发活动；Redo Tasks Correctly（rtc）表示重做研发活动正确；Redo Tasks Wrongly（rtw）表示重做研发活动错误；Rework Caused by Information Change Tasks－done－correctly（$rcictdc$）表示上游研发活动信息变更导致的已经正确完成研发活动

的返工;Rework Caused by Information Change Development Errors
(*rcicde*)表示上游研发活动信息变更导致的错误完成研发活动的返
工;Requirement Change Tasks－done－correctly(*rctdc*)表示需求变
更导致的已经正确完成研发活动的返工;Requirement Change
Development Errors(*rcde*)表示需求变更导致的已经错误完成研发活
动的返工;Discover Development Errors(*dde*)表示发现研发项目中的
错误;Testing Increase(*tei*)表示待检测研发活动的增加;Testing Rate
(*tera*)表示研发活动的检测速度。

　　根据上述参数介绍和分析,流量与存量之间的关系表达式可以表
示为:

$$TR = INTEG(-ctc-ctw) \tag{7.1}$$

$$TDC = INTEG(ctc+rtc-rcictdc \cup rctdc) \tag{7.2}$$

$$DE = INTEG(ctw+rtw-dde \cup rcide \cup rcde) \tag{7.3}$$

$$TRe = INTEG(rcictdc \cup rctdc+dde \cup rcicde \cup rcde-rtc-rtw) \tag{7.4}$$

$$TeR = INTEG(tei-tera) \tag{7.5}$$

$$TeC = INTEG(tera) \tag{7.6}$$

二、系统动力学中的研发项目完成的表示

　　在研发项目运行过程中,首先进行的活动是研发活动完成,研发
活动完成分为两种情况:正确完成和错误完成。影响研发活动完成的
主要影响因素包括完成速度[Completion Rate(*cr*)]和完成质量
[Completion Quality(*cq*)]。完成速度表示研发项目运行时的速度大
小。完成质量为正确完成研发项目的数量与完成研发项目的数量的
比例。当上游研发活动的完成[Tasks Done in Upstream Phase
(*tdup*)]情况满足该研发活动开始执行的前提约束条件[Precedence
Constraints for Completion(*pcc*)]时,该研发活动可以开始执行。研
发活动的完成速度取平均完成速度[Average Completion Rate(*acr*)]
与剩余研发项目数量[Tasks Remaining(*TR*)]除以仿真步长[Time

Step(ts)]的最小值。完成速度分为两部分:正确完成速度[Complete Tasks Correctly(ctc)]和错误完成速度[Complete Tasks Wrongly(ctw)]。研发活动的完成数量[Task Done(td)]包括正确完成数量和错误完成数量。

根据上述参数介绍和分析,研发活动完成相关的参数表达式为:

$$cr = IFTHENELSE[tdup \geqslant pcc, MIN(acr, TR/ts), 0] \quad (7.7)$$

$$ctc = cr \times cq \quad (7.8)$$

$$ctw = cr \times (1 - cq) \quad (7.9)$$

$$td = TDC + DE \quad (7.10)$$

三、研发项目返工的影响因素及其表示

(一)研发项目返工影响因素分析

返工是指在研发项目运行过程中,研发活动需要在完工后进行一次或多次的修正、改进或完善,以达到研发项目的要求。需求变更、研发错误、信息变更、活动重叠或耦合等因素都可能引发研发项目返工。[18][143]主要考虑三种引发研发项目返工的影响因素:需求变更、研发错误、上游研发阶段信息变更。

1. 需求变更引发的返工

在产品研发项目运行过程中,市场需求可能会发生变化。需求变更会导致产品的某些模块的功能、技术要求等发生变化,从而导致某些研发活动发生返工。需求变更包括三种:概念设计中的需求变更、详细设计中的需求变更、试生产中的需求变更。需求变更通常是不确定的,可以从需求变更概率、需求变更影响程度等参数对其进行分析。

需求变更概率是指在单位时间内需求变更发生的可能性大小。需求变更的概率与研发阶段有关,各个研发阶段的变更概率变化曲线不同。通常在研发项目前期发生需求变更的概率较高,随着研发项目的进行,发生需求变更的概率会越来越低。为了保证研发项目的顺利

完成,可以规定当到了某个时间点或者研发项目执行到某种程度时,不再允许进行需求变更。需求变更的概率表达式为:

$$rcp_{it} = \begin{cases} rcp_{i0} \times e^{-a_i \times (t - TS_i)} & TS_i < t < TF_i \\ 0 & t \leqslant TS_i OR t \geqslant TF_i \end{cases} \quad (7.11)$$

式中,i 为研发项目的研发阶段编号;t 为研发项目的执行时间;rcp_{it} 为在时间 t 时研发阶段 i 发生需求变更的概率;rcp_{i0} 为研发阶段 i 发生需求变更的初始概率;α_i 为研发阶段 i 的需求变更概率衰减系数;TS_i 为研发阶段 i 可能发生需求变更的起始时间;TF_i 为研发阶段 i 的需求变更截止时间。

需求变更影响程度是指当需求变更发生时对研发项目产生的影响程度大小,需求变更影响程度越大,引发的研发项目返工越多。在某个研发阶段,发生需求变更时,会对该阶段及其上游阶段的研发项目产生直接影响,但是对于各个阶段的影响程度不同。假设需求变更影响程度在 0 至影响程度上限($mirc$)范围内随机产生,则需求变更影响程度的表达式为:

$$rci_{ijk} = \begin{cases} mirc_{ijk} \times rand & i \geqslant j \\ 0 & i < 0 \end{cases} \quad (7.12)$$

式中,rci_{ijt} 为在 t 时刻研发阶段 i 发生需求变更时对研发阶段 j 的影响程度;$mirc_{ijt}$ 为在 t 时刻研发阶段 i 发生需求变更时对研发阶段 j 的影响程度上限。

在系统动力学仿真过程中,各个时刻的需求变更概率和每次变更的影响程度均是在相应的取值区间内随机产生的。当需求变更发生时,会导致部分已经完工的研发活动进行返工。需求变更直接引发的研发项目返工总量可表示为:

$$RCRA = \sum_{i=1}^{n} \sum_{t=1}^{m} \sum_{j=1}^{n} rcp_{it} \times rci_{ijt} \quad (7.13)$$

式中,$RCRA$ 为需求变更直接引发的研发项目返工总量。

2.研发错误引发的返工

在产品研发过程中,由于组织协调、技术、操作、环境等原因,可能会发生研发错误。研发错误包括两种:研发项目完成过程中产生的错误、研发项目返工过程中产生的错误。在初始完成的研发项目中,可能会存在错误,需要通过检测发现其中存在的错误。为了修正研发项目中的错误,需要对部分研发项目进行返工。在返工过程中,也可能会发生错误。研发错误与研发项目的完成质量和返工质量有关。研发项目的完成质量和返工质量越好,研发项目中存在的错误越少;研发项目的完成质量和返工质量越差,研发项目中存在的错误越多。

3.上游研发阶段信息变更引发的返工

在产品研发过程中,通常下游研发活动对上游研发活动存在信息依赖,上游研发项目的信息输出为下游研发项目的输入。当上游研发活动发生返工时,其信息会发生变更,从而导致下游研发活动发生返工。返工量大小与上游研发阶段的返工量、下游研发阶段对上游研发阶段的信息依赖程度有关。上游研发阶段的返工量越大,引发的下游研发阶段的返工量越大;下游研发阶段对上游研发阶段的信息依赖程度越大,引发的下游研发阶段的返工量越大。

(二)引发返工的活动在系统动力学模型中的表示

导致某阶段研发项目返工的活动主要有三种:该研发阶段或下游研发阶段发生需求变更、通过检测发现存在的错误、上游研发阶段发生信息变更。

1.需求变更

通常情况下,只有在允许进行需求变更的时间段范围内发生的需求变更会影响研发项目的执行过程,需求变更概率(rcp)和需求变更影响程度(rci)的取值是随机的。假设某个研发阶段需求变更发生的时间为该阶段研发项目开始[即未完成的研发活动(TR)小于初始研发活动数量(itn)]至某一规定的需求变更截止时间点(drc)。

$$drc = IFTHENELSE[TR < itn AND Time < drc AND RAND(0,1) < rcp, 1, 0] \quad (7.14)$$

每次需求变更发生时,其影响程度是随机的,但是其最大影响范围是有限的,可以规定阶段 i 的需求变更对阶段 j 的最大影响程度($mirc_{ji}$)为某一特定值,需求变更影响程度在该范围内随机产生,则 i 阶段需求变更对 j 阶段的影响程度可表示为:

$$rci_{jt} = RAND(0, mirc_{jt}) \tag{7.15}$$

某阶段的需求变更会直接引发该阶段以及上游阶段的返工。各个阶段的需求变更是相互独立的。m 为最后一个研发阶段的编号,阶段 j 由于需求变更引发的返工总量($rcrc_j$)可表示为:

$$rcrc_j = rcp_j \times rci_{j,j} \bigcup rcp_{j+1} \times rci_{j,j+1} \bigcup \cdots \bigcup rcp_m \times rci_{j,m} \tag{7.16}$$

需求变更引发的返工分为两部分:需求变更引发的正确完成研发活动的返工($rtdccrc$)和需求变更引发的错误完成研发活动的返工($rdecrc$),其表达式分别为:

$$rtdccrc = rcrc \times TDC \tag{7.17}$$

$$rdecrc = rcrc \times DE \tag{7.18}$$

2. 检测

检测是指在研发活动完成后对其进行检查,以发现其中存在的错误。由于研发活动完成后还可能会发生一次或多次返工,而且每次检测不一定能够发现全部错误,因此可能需要对研发活动进行多次检测。当某研发活动的已完成的活动(ca)满足该检测活动的前提约束条件($pcte$)时,该研发项目可以开始进行检测,增加的需检测的研发活动数量用检测增加(tei)进行表示。发现速度(dr)的主要影响因素包括检测速度(ter)和检测质量(teq),teq_{ik} 表示检测活动 k 对研发阶段 i 的检测质量。检测速度用于表示检测活动的快慢。检测速度取平均检测速度($ater$)和等待检测研发活动(TR)除以仿真步长(ts)的最小值。检测质量用于表示通过检测发现研发项目中存在的错误的比例。当前阶段的检测可以发现当前阶段研发项目和上游阶段研发项目中存在的错误,不同的检测活动之间是相互独立的。因此,发现速度可以取当前阶段的检测活动和下游阶段的检测活动发现本阶段错误的速度的并集。发现研发错误的速度(dde)为发现错误的速度与已经完成的研发项目中存在的错误的乘积。研发项目检测相关的参数表达式为：

$$tei = IFTHENELSE(ca \geqslant pcte, td \times PULSE(Time, 1), 0) \quad (7.19)$$

$$ter = MIN(atre, TeR/ts) \quad (7.20)$$

$$dr_k = ter_k \times teq_{i,k} \bigcup ter_{k+1} \times teq_{i,k+1} \bigcup \cdots \bigcup ter_n \times teq_{i,n} \quad (7.21)$$

$$dde = dr \times DE \quad (7.22)$$

3. 上游研发阶段的信息变更

上游研发阶段的信息变更引发的返工量($rcicup$)大小主要取决于两个方面：上游阶段研发活动的返工量(rup)、下游研发活动对上游研发活动的信息依赖程度(d)。假设研发阶段 i 为研发阶段 j 的上游阶段，当研发阶段 i 发生返工时，引发的研发阶段 j 的返工量为：

$$rcicup_{ij} = rup_i \times d_{ij} \quad (7.23)$$

式中，$rcicup_{ij}$ 为研发阶段 i 发生返工引发研发阶段 j 的返工量；rup_i 为研发阶段 i 的返工量；d_{ij} 为研发阶段 j 对研发阶段 i 的信息依赖程度。

上游研发阶段的信息变更引发的返工分为两部分：信息变更引发的正确完成研发活动的返工($rtdccic$)和信息变更引发的错误完成研发活动的返工($rdecic$)，其表达式分别为：

$$rtdccic = rcicup \times TDC \quad (7.24)$$

$$rdecic = rcicup \times DE \quad (7.25)$$

引发返工的检测、需求变更、上游阶段信息变更等活动是相互独立的。因此，某研发阶段返工总量为各种活动引发研发项目返工的并集。各种活动引发的正确完成研发活动的返工($rtdccva$)和各种因素引发的研发错误研发活动的返工($rdecva$)的速度分别为：

$$rtdccva = MIN(rcrctdc \bigcup rcictdc, TDC/ts) \quad (7.26)$$

$$rdecva = MIN(dde \bigcup rcrcde \bigcup rcicde, DE/ts) \quad (7.27)$$

(三)系统动力学模型中的研发项目返工的表示

返工是对需要进行返工的研发活动进行修复和完善,以达到研发项目要求。影响返工的主要因素包括返工速度(rer)和返工质量(req)。返工速度表示研发项目返工时完成速度的大小。返工速度取平均返工速度(arr)与等待返工的研发活动数量(TRe)除以仿真步长(ts)的最小值。返工质量为正确完成研发项目返工数量与完成研发项目返工数量的比例。返工分为两种情况:正确返工(rec)和错误返工(rew)。其表达式分别为:

$$rer = MIN(arr, TRe/ts) \tag{7.28}$$

$$rec = rer \times req \tag{7.29}$$

$$rew = rer \times (1 - req) \tag{7.30}$$

第四节　示例研究与需求变更影响分析

一、示例介绍

以某产品研发项目为例,按照先后顺序,该产品研发项目分为概念研发、详细设计、试生产等三个研发阶段。通过对其相似的研发项目历史数据进行分析,设置该产品研发项目的运行参数。每个阶段开始时,准备时间均为 10 天。当某阶段研发项目的正确完成比例达到99%时,该阶段研发项目达到要求,不再进行检测。同一研发阶段的返工和检测不能同时执行,即检测完成之后才能开始返工,返工完成之后才能进行下一次检测。下游研发阶段依赖于上游研发阶段的信息输出:详细设计依赖于概念研发的信息输出,其信息依赖度为 1.7;试生产依赖于详细设计的信息输出,其信息依赖度为 1.4。各个研发阶段的完成、检测和返工的速度、质量等数据如表 7.1 所示。在研发过程中可能会发生随机变更,假设某研发阶段可能发生需求变更的起始时间为该研发阶段的开始执行时间,截止时间为 700 天,需求变更概率及影响如表 7.2 所示。

表 7.1　完成、检测和返工活动的相关数据

研发阶段	活动	前提约束条件	速度/天$^{-1}$	质量/%		
				概念研发	详细设计	试生产
概念设计	完成返工	—	1/16	76.3	—	—
		—	1/27	83.8	—	—
	TC1	概念研发初步完成	1	52.3	—	—
	TC2	TC1	1/2	43.1	—	—
		TC2	1/35	—	70.3	—
详细设计	完成返工	—	1/42	—	81.4	—
	TD1	详细设计初步完成	1/4	19.6	47.4	—
	TD2	详细设计初步完成	1/7	32.7	58.6	—
		TD2	1/78	—	—	76.9
试生产	完成返工	—	1/95	—	—	84.5
	TP1	试生产初步完成	1/6	—	28.9	37.8
	TP2	TP1	1/8	—	32.5	43.6

表 7.2　需求变更概率及其影响

研发阶段	需求变更概率	对各个研发阶段的影响		
		概念研发	详细设计	试生产
概念研发	$0.1 \times e^{-0.015 \times (t - TS_1)}$	$0.25 \times rand$	—	—
详细设计	$0.15 \times e^{-0.01 \times (t - TS_2)}$	$0.1 \times rand$	$0.2 \times rand$	—
试生产	$0.2 \times e^{-0.005 \times (t - TS_3)}$	$0.05 \times rand$	$0.1 \times rand$	$0.2 \times rand$

二、需求变更的影响分析

(一)考虑和不考虑需求变更时的研发进度比较

为了分析需求变更对研发进度的影响,首先在不考虑需求变更时对研发项目进行系统动力学建模和分析,然后,把需求变更加入系统动力学模型中,分析需求变更影响下研发进度。考虑需求变更时和不考虑需求变更时各个阶段的研发进度分别如图 7.3(a)与图 7.3(b)所示,考虑需求变更时和不考虑需求变更时研发项目的总体进度如图 7.3(c)所示。横轴表示时间,纵轴表示正确完成研发活动的比例。

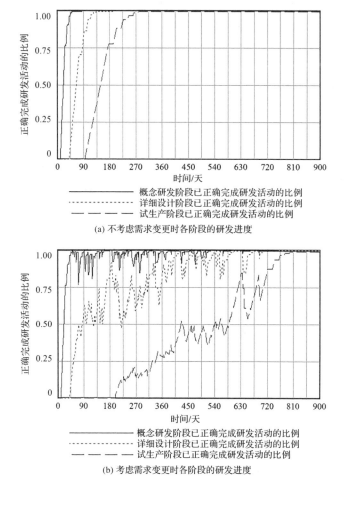

———————— 概念研发阶段已正确完成研发活动的比例
·············· 详细设计阶段已正确完成研发活动的比例
— — — — 试生产阶段已正确完成研发活动的比例

(a) 不考虑需求变更时各阶段的研发进度

———————— 概念研发阶段已正确完成研发活动的比例
·············· 详细设计阶段已正确完成研发活动的比例
— — — — 试生产阶段已正确完成研发活动的比例

(b) 考虑需求变更时各阶段的研发进度

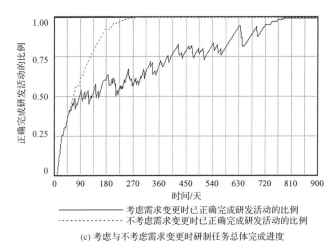

(c) 考虑与不考虑需求变更时研制任务总体完成进度

图 7.3　考虑与不考虑需求变更时研发进度比较

当不考虑需求变更时,整个研发项目的完成时间大概为 280 天;当考虑需求变更时,整个研发项目的完成时间大概为 720 天。当不考虑需求变更时,返工主要是由研发项目中的错误和信息变更引发的,通过若干次"检测—返工"之后,研发项目能够较为快速地完成。当考虑需求变更时,返工主要是由需求变更、错误和信息变更引发的。需求变更的不确定性,会导致大量的返工,研发项目需要经过多次的"检测—返工"才能完成,在很大程度上增大了各个阶段的研发工期。需求变更会导致很多已经完成的研发项目需要进行返工,使得正确完成的研发项目比例在局部范围内会有较大的波动,但整体趋势是逐渐上升的。可见,当考虑需求变更时,需求变更具有不确定性,并会引发大量的返工,导致研发项目完成时间的大幅度增大、正确完成任务比例有较大幅度的波动。

(二)考虑和不考虑需求变更时的隐含返工比较

在研发项目运行过程中,可以直接观测到的研发进度是研发项目是否完成。研发错误、需求变更等因素的存在,会造成研发项目的返工,导致实际的研发进度可能落后于表面观察到的研发进度。为了分析实际研发进度与观测到研发进度的差距,以"正确完成任务"与"初始完成任务"差距作为"隐含返工"的度量指标,图 7.4 中两条曲线分别表示考虑和不考虑需求变更情况下的隐含返工任务比例变化。可见,在考虑需求变更和不考虑需求变更的条件下,在研发项目开始执行初期包含的隐含返工量较少,在研发项目中期包含的隐含返工量较多,随着研发项目的不断返工和完善,隐含返工量逐渐降低,直到研发项目完成。当考虑需求变更时,研发项目运行过程中包含的隐含返工任务更多,波动性更大,研发进度不确定性程度更大,更难于对研发进度进行预测和控制。

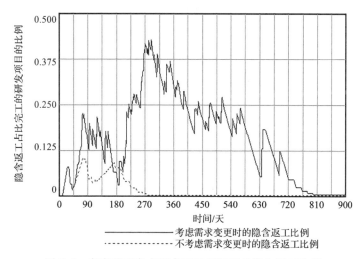

图 7.4　考虑和不考虑需求变更情况下的隐含返工比例

(三)研发进度对需求变更的敏感性分析

需求变更的参数主要包括变更发生概率、变更影响程度、变更截止时间等。为了分析研发进度对需求变更参数变化的敏感性程度,分别在仿真模型中单独变化变更概率、变更影响和变更截止时间等参数,分析研发进度的变化。研发进度对需求变更参数的灵敏度分析如图 7.5 所示。在图中,横轴表示时间,纵轴表示正确完成研发活动的比例。

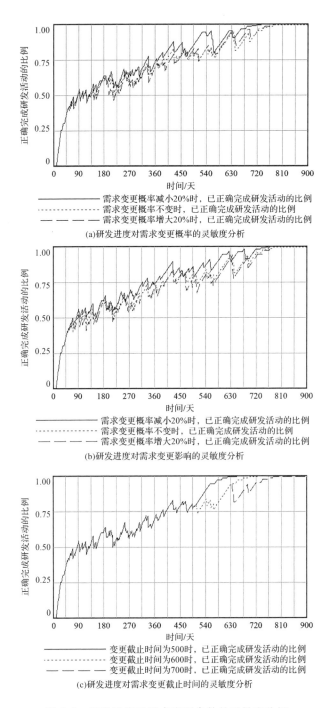

图 7.5 研发进度对需求变更参数的灵敏度分析

令需求变更概率分别增大、减小 20%，研发进度如图 7.5(a)所示，分析需求变更概率变化对研发进度的影响。当需求变更概率发生变化时，研发项目的完成时间会随着需求变更概率的降低而缩短，但是降低的幅度不大。令需求变更影响程度分别增大、减小 20%，研发进度如图 7.5(b)所示，分析需求变更影响变化对研发进度的影响。当需求变更影响程度发生变化时，研发项目的完成时间会随着需求变更影响程度的降低而缩短，但是降低的幅度不大。当需求变更概率和影响程度变化时，研发项目完成时间与最后一次需求变更发生的时间有很大关系。令需求变更截止时间分别取 500、600、700，研发进度如图 7.5(c)所示，分析需求变更截止时间变化对研发进度的影响。研发项目工期会随着需求变更截止时间的缩短而缩短，需求变更截止时间对研发项目工期的影响比较明显。因为在研发项目后期，每进行一次变更，都会在返工之后进行检测，而每次检测的时间是相同的，虽然返工工作量可能不是很大，但是每次返工之后的检测活动消耗了较多的时间。而如果提前禁止需求变更发生，当不再继续发生新的需求变更时，研发项目能够较为快速地完成。但是，过早的禁止需求变更会使得客户的某些新需求不能得到满足，造成客户需求满足度的下降。

(四)单独考虑某研发阶段需求变更时的研发进度分析

需求变更发生的研发阶段不同，给研发项目造成的影响不同。为了分析不同研发阶段发生需求变更时对研发进度的影响，在仿真模型中分别单独考虑某个阶段的需求变更影响，其研发进度变化如图 7.6所示。在图中，横轴表示时间，纵轴表示正确完成研发活动的比例。由于只考虑了一个研发阶段的需求变更，因此其研发项目完成时间均小于考虑三个阶段的需求变更时的完成时间，但是，比不考虑需求变更时的完成时间均有了大幅度增加。

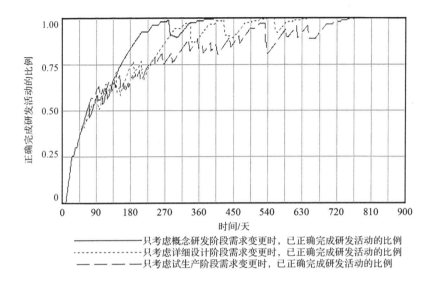

图 7.6   只考虑单个研发阶段的需求变更时的研发进度

　　当单独考虑概念研发阶段的需求变更时,概念研发阶段的需求变更概率降低速度快、发生时间早,有些变更发生在下游研发阶段开始执行之前,此时本阶段由于返工造成的信息变更不会引发下游研发项目的返工。因此,单独考虑概念研发阶段的需求变更时,研发项目的完成时间相对较短。

　　详细设计或者试生产阶段对产品的认识更为详细、明确,发生需求变更的概率更大。单独考虑详细设计或者试生产阶段的需求变更时,需求变更开始发生时间较晚,但是其发生的概率较大。当需求变更发生时,不仅会直接引发本阶段研发项目的返工,还会直接引发上游阶段研发项目的返工。上游阶段的研发项目返工又会造成信息变更,从而又会引发下游研发项目的返工。因此,单独考虑详细设计阶段或试生产阶段的需求变更时,研发进度更慢,完成所需的时间更长。

　　通过单独考虑某阶段需求变更时的研发进度分析表明,后期研发阶段发生的需求变更比前期研发阶段发生的需求变更所造成的影响程度更大。

第五节　本章小结

把产品研发项目分为概念研发、详细设计、试生产等三个阶段,在每个研发阶段考虑完成、需求变更、返工、检测等活动,对产品研发项目进行系统动力学建模。在此基础上,基于仿真模型从四个方面分析了需求变更对产品研发项目的影响:考虑和不考虑需求变更时的研发进度比较、考虑和不考虑需求变更时的隐含返工比较、研发进度对需求变更参数的敏感性分析、单独考虑某阶段需求变更时的研发进度分析。

通过研究发现,需求变更会引发研发项目返工及其信息变更,会对产品研发项目造成很大的影响。需求变更的发生,导致研发项目需要经过很多次的"检测—返工"才能完成,会在很大程度上增大各个研发阶段的完成时间。由于需求变更的不确定性,造成研发项目运行过程中包含的隐含返工更多,波动性更大,研发进度不确定性更大,更难于对研发进度进行预测和控制。当需求变更概率和影响程度发生变化时,研发项目的完成时间会随着需求变更概率、影响程度的减小而减小,但是降低的幅度不大,并且研发项目完成时间与最后一次需求变更发生的时间有很大关系。研发项目工期会随着需求变更截止时间的减小而减小,而且截止时间的变化对研发项目工期的影响比较明显。单独考虑某研发阶段需求变更时的研发进度分析表明,后期研发阶段发生需求变更比前期发生需求变更对研发进度的影响程度更大。

第八章　复杂产品研发项目流程优化

第一节　问题描述

　　复杂产品研发是一项复杂系统工程,包含众多子项目,整个研发过程具有较强的时间约束,任何子项目没有按时完成都可能会影响整体研发进度。本章研究在研发活动工期与成本不确定的条件下,考虑研发活动返工迭代、重叠执行等多种不确定因素,如何对研发项目流程进行优化。

　　研发项目流程优化问题可描述为:复杂产品研发项目包含多个研发活动,各个研发活动的工期、成本是不确定的,可用一定的概率分布描述,研发活动之间存在着串行、并行、重叠、耦合等关系。研发项目可用的资源总量是有限的,某个研发活动完成后,可能会引发返工(包括可预测返工和隐含返工)或今后研发活动的开始执行,并且某些研发活动可能会重叠执行。研发项目流程不同,研发项目的运行效果不同。需要以研发项目工期最短、成本最小等为目标,对研发项目流程进行优化,寻找最优的研发项目流程。

　　本章通过基于 DSM 的研发项目仿真模型估算研发工期、成本、返工次数等参数。以研发项目仿真输出的平均工期、成本等参数作为多目标优化的适应度评价指标,基于 NSGA-Ⅲ 实现研发项目流程的多目标优化算法,通过运行优化算法得到 Pareto 最优解集。对每个 Pareto 解对应的研发项目流程进行更多次的仿真,以得到更稳定的仿真输出参数。在此基础上,对各个研发项目流程进行深入分析、评价,并基于前景理论选择最满意的研发项目流程。

第二节　复杂产品研发项目流程优化问题数学建模

为对复杂产品研发项目流程优化问题进行更为清楚的表述,本节通过研发项目分析,构建研发项目流程优化问题的目标函数和约束条件,进而构建研发项目流程优化问题的数学模型。

一、目标函数

在对复杂产品研发项目运行效果进行评价时,通常采用工期、成本、质量、风险等指标。本节选用研发工期、研发成本等指标对研发项目运行效果进行评价。用数学模型分别对研发项目的平均工期、平均成本等指标进行表示。

(一)研发工期

研发工期是评价研发项目运行效果的一个重要标准。研发工期是指整个研发项目完工所需的时间,即从第一个研发活动开始至最后一个研发活动完成所需的时间。如果研发项目开始执行时间为 0,则最后一个研发活动的完工时间即为研发项目的工期。每次完成各个研发活动所需的时间可采用前文介绍的方法进行估计。研发项目工期是多次仿真输出研发项目工期的均值,研发项目平均工期的数学模型可表示为:

$$E(TD) = \sum_{l=1}^{m} TD_{l/m}, TD_l = FT_n \qquad (8.1)$$

式中，l 为仿真运行次数编号；m 为仿真总次数；n 为研发项目的研发活动个数；TD_l 为第 l 次仿真输出的研发项目工期；FT_n 为研发项目的最后一个研发活动 n 的完工时间。

研发活动的完工时间根据研发活动的开始时间和执行时间进行确定，研发活动 i 的完工时间 FT_i 可以表示为：

$$FT_i = ST_i + ET_i \qquad (8.2)$$

式中，ST_i 为研发活动 i 的开始时间；ET_i 为研发活动 i 所需的执行时间。

在研发项目优化过程中，通常需要使得研发项目完成所需的工期最短，此目标函数可以表示为：$\min E(TD)$。

(二)研发成本

研发成本是研发项目运行效果评价的另一个重要标准。每次完成各个研发活动所需的成本可根据前文介绍的方法进行计算。同样，研发项目成本是多次仿真输出研发项目成本的均值，采用数学模型表示研发项目的平均成本：

$$E(TC) = \sum_{l=1}^{m} TC_l/m, TC_l = \sum_{k=1}^{\max k} \sum_{i=1}^{n} CST_i^k \qquad (8.3)$$

式中，i 为研发活动编号；k 为研发活动在某次仿真过程中的执行次数；TC_l 为第 l 次仿真输出的研发项目成本；CST_i^k 为研发活动 i 第 k 次执行时所需的成本。

在研发项目优化过程中，通常需要使得研发项目完成所需的成本最小，此目标函数可以表示为：$\min E(TC)$。

二、约束条件

在复杂产品研发项目运行过程中，存在很多约束条件，需要在研发项目流程优化过程中进行考虑。

(一)紧前紧后关系约束

在复杂产品研发项目运行过程中,某些研发活动会依赖其他研发活动的输出信息,研发活动之间存在信息依赖关系。如果研发活动 i 依赖研发活动 j 的信息,通常,研发活动 j 为研发活动 i 的紧前研发活动,研发活动 i 为研发活动 j 的紧后研发活动。一般情况下,对于存在紧前紧后关系的研发活动,紧后研发活动依赖紧前研发活动的信息输出,所有的紧前研发活动完工之后才能开始执行紧后研发活动。该约束条件可以表示为:

$$ST_i \geqslant \max\{FT_j\}, \forall j \in P_i, \forall i \in PS \qquad (8.4)$$

式中,ST_i 为研发活动 i 的开始执行时间;FT_j 为研发活动 j 的完工时间;p_i 为研发活动 i 的所有紧前研发活动集合;PS 为存在严格紧前紧后关系的研发活动集合。

(二)重叠执行约束

某些研发活动之间存在紧前紧后关系,但是可以通过重叠执行来缩短研发项目工期。假设研发活动 i 为研发活动 j 的紧后研发活动,当研发活动 j 与研发活动 i 重叠执行时,该约束条件可以表示为:

$$ST_i \geqslant \max\{FT_j - \min(D_i \times OR_{ij}, D_j)\}, \forall j \in P_i, \forall i \in OS \quad (8.5)$$

式中,D_i 和 D_j 分别表示研发活动 i 和研发活动 j 的工期;OR_{ij} 表示当研发活动 i 与研发活动 j 发生重叠时,允许的重叠时间与研发活动 i 工期 D_i 的比;OS 表示存在重叠的研发活动集合。

(三)资源约束

在研发项目运行过程中,可用的资源总量是有限的,需要考虑资源约束。如果资源是通用的,给研发活动分配的资源数量要满足其资源需求量,但是所有正在执行的研发活动占用某种资源量的和不超过该种资源的可用总量,该约束条件可以表示为:

$$\sum_{i\in STS_t} Res_{ri} \leqslant TotRes_r, \forall r \in \{1,2,\cdots,R\}, \forall t \qquad (8.6)$$

式中，Res_{ri} 表示研发活动 i 执行所需占用的资源 r 的数量；$TotRes_r$ 表示资源 r 的总供应量；R 表示可用资源的种类；STS_t 表示在 t 时刻处于工作状态的研发活动集合。

如果研发项目的资源是以团队的形式存在，共有若干个研发项目可用团队，需要把研发活动合理分配给各个团队。资源只能在其所在团队供研发项目使用，团队之间不能进行资源的调度。在研发项目运行过程中需要满足：一个研发活动只能而且必须分配给某一个团队；一个团队可以承担多项研发活动，但是同一时刻只能执行一个研发活动。该约束条件可以表示为：

$$\sum_{k=1}^{K} x_{ki} = 1, \forall i \in \{1,2,\cdots,n\} \qquad (8.7)$$

$$\sum_{i\in STS_t} x_{ki} \leqslant 1, \forall i \in \{1,2,\cdots,n\}, \forall k \in \{1,2,\cdots,K\}, \forall t \qquad (8.8)$$

$$x_{ki} \in \{0,1\}, \forall i \in \{1,2,\cdots,n\}, k \in \{1,2,\cdots,K\} \qquad (8.9)$$

式中，x_{ki} 为 0、1 变量，如果 $x_{ki}=0$，表示研发活动 i 不是由团队 k 完成，如果 $x_{ki}=1$，表示研发活动 i 由团队 k 完成；K 表示团队数量。

三、数学模型

通过目标函数和约束条件分析，可以构建复杂产品研发项目的数学模型，根据是否考虑资源约束，可分为三种情况。

(一)不考虑资源约束的研发项目数学模型

对于某些具有重大意义的复杂产品研发项目，可能会不惜投入大量的资源完成，在研发项目流程优化过程中可不考虑资源约束。此时，研发项目数学模型为：

min　$E(TD)$

min　$E(TC)$

$s.t.$　$ST_i \geqslant \max\{FT_j\}, \forall j \in P_i, \forall i \in PS \qquad (8.10)$

$$ST_i \geqslant \max\{FT_j - \min(D_i \times OR_{ij}, D_j)\}, \forall j \in P_i, \forall i \in OS$$

(二)资源通用情形下的研发项目数学模型

复杂产品研发项目运行过程中,可用资源总量是有限的,且所有的资源为通用的,资源可以在各个研发活动之间进行调度。此时,在研发项目流程优化过程中需要考虑资源约束,研发项目数学模型为:

$$\min \quad E(TD)$$

$$\min \quad E(TC)$$

$$s.t. \quad ST_i \geqslant \max\{FT_j\}, \forall j \in P_i, \forall i \in PS \qquad (8.11)$$

$$ST_i \geqslant \max\{FT_j - \min(D_i \times OR_{ij}, D_j)\}, \forall j \in P_i, \forall i \in OS$$

$$\sum_{i \in STS_t} Res_{ri} \leqslant TotRes_r, \forall r \in \{1, 2, \cdots, R\}, \forall t$$

(三)团队限制情形下的研发项目数学模型

复杂产品研发项目运行过程中,可用资源总量是有限的,且可用资源以团队的形式存在,以团队为单位进行资源的调度。此时,在研发项目流程优化过程中需要考虑资源约束,研发项目数学模型为:

$$\min \quad E(TD)$$

$$\min \quad E(TC)$$

$$s.t. \quad ST_i \geqslant \max\{FT_j\}, \forall j \in P_i, \forall i \in PS$$

$$ST_i \geqslant \max\{FT_j - \min(D_i \times OR_{ij}, D_j)\}, \forall j \in P_i, \forall i \in OS$$

$$\sum_{k=1}^{K} x_{ki} = 1, \forall i \in \{1, 2, \cdots, n\} \qquad (8.12)$$

$$\sum_{i \in STS_t} x_{ki} \leqslant 1, \forall i \in \{1, 2, \cdots, n\}, \forall k \in \{1, 2, \cdots, K\}, \forall t$$

$$x_{ki} \in \{0, 1\}, \forall i \in \{1, 2, \cdots, n\}, k \in \{1, 2, \cdots, K\}$$

第三节　基于 NSGA-Ⅲ 的研发项目流程优化算法构建

　　复杂产品研发项目复杂性高、不确定性程度大,采用数学模型很难对研发过程进行描述。本节将仿真模型和多目标进化算法相结合进行研发项目流程优化。选择 NSGA-Ⅲ 作为研发项目流程优化的多目标进化算法,利用仿真输出的平均工期、平均成本等指标对各个个体进行评价。

一、算法框架

　　NSGA-Ⅲ 是在 NSGA-Ⅱ 基础上的一种改进的多目标优化算法,主要是靠分散的参考点保持群体成员的多样性,使得算法的优化效果更好,该算法可以大致分为种群初始化、非支配排序、适应度标准化、个体关联参考点、筛选子代、产生子种群等步骤,对于求解多目标优化问题具有明显的优势。[181][182]

　　针对复杂产品研发项目优化问题的特点,基于 NSGA-Ⅲ 构建研发项目流程优化算法。复杂产品研发项目通常包含多种不确定性因素,通过仿真能够保证在满足各种约束条件下,较为准确地输出研发项目的工期、成本等参数。在优化过程中,对每个新个体进行仿真,把该个体仿真输出的平均工期、成本等参数作为 NSGA-Ⅲ 的适应度评价指标,根据适应度指标选择优质个体进入子代,通过不断的迭代获得满意的 Pareto 最优解集。NSGA-Ⅲ 的优化算法伪代码如图 8.1 所示。

输入：种群规模、迭代次数、交叉概率、变异概率等
输出：研发流程优化方案、最短工期、最小成本等
产生初始种群
for $t = 1$ **to** *MaxIt* **do**
    通过交叉产生子代：P_c，并判断是否满足约束条件
    通过变异产生子代：P_m，并判断是否满足约束条件
    当前种群P_t与子代种群合并：$P_t = P_t \cup P_c \cup P_m$
    非支配排序
    repeat
        $S_t = S_t \cup F_i$ and $i = i + 1$
    until $|S_t| \geq N$
    最后一个非支配排序层为：$F_l = F_i$
    if $|S_t| = N$ **then**
        $P_{t+1} = S_t$, break
    else
        $P_{t+1} = \cup_{i=1}^{l-1} F_i$
        把S_t中的每个个体s关联到参考点
        计算参考点的小生境个数
        从F_l中选择$(N - |P_{t+1}|)$个个体构成P_{t+1}
    end if
end for

图 8.1 NSGA-Ⅲ 的算法伪代码

二、算法实现

在基于 NSGA-Ⅲ 的复杂产品研发项目流程优化算法实现过程中，主要解决以下几个关键问题。

（一）编码规则

在 NSGA-Ⅲ 中，染色体编码由 DSM 中自上而下的研发活动编号构成，其示意图如图 8.2 所示。染色体上的基因个数与研发活动的个数相同，每个基因对应一个研发活动的编号，染色体中基因的排列顺序对应 DSM 中研发活动的排列顺序。为保证各个染色体对应的复杂产品研发项目流程方案是可行的，在同一个染色体中每个研发活动的编码出现且只出现一次。对每个个体进行仿真时，根据染色体编码对初始输入的 DSM、返工概率及返工影响矩阵、重叠比例及重叠影响矩阵等参数进行调整。

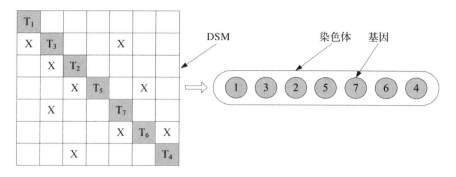

图 8.2　染色体编码示意

(二)初始种群的产生

在开始迭代进化之前,需要产生初始种群,初始种群的规模根据进化算法的运行特征设定。假设复杂产品研发项目共包括 n 个研发活动,种群规模为 N。在初始种群的产生过程中,生成 $[1,n]$ 之间的随机序列,每个数字表示一个研发活动编号,每重复生成一次随机序列,则可以产生一个染色体。判断在初始种群中是否存在与新产生的染色体相同的染色体,如果存在相同的染色体,则新产生的染色体不加入初始种群,重新产生染色体,直到初始种群规模达到 N 为止。

(三)适应度评价

在研发项目流程优化过程中,主要考虑工期最短、成本最小等目标,即 $\min[E(TD), E(TC)]$,因此,在 NSGA-Ⅲ 中,以平均工期和平均成本作为个体的适应度评价指标。复杂产品研发项目不确定性影响因素多,难以用数学模型求解其平均工期、成本,因此,使用仿真的方式获得各个个体的平均工期、成本,并赋值给 NSGA-Ⅲ 的适应度评价指标,用来对各个个体的适应度进行评价。

在产生初始种群后和每次迭代进化过程中,需要对各个个体(复杂产品研发项目流程方案)进行适应度评价。按照某个体对应的研发项目流程方案运行时,其工期越短、成本越低,该个体的适应度越大。可通过对各个个体对应的研发项目流程方案进行仿真对其进行评价,由于复杂产品研发项目的多个参数都存在随机性,同一流程方案下输出的研发项目工期、成本等也不相同,可采用多次仿真取其平均值的方法。通过仿真可得到当前情形下研发项目的工期、成本等参数。

(四)交叉和变异操作

在基于 NSGA-Ⅲ 的复杂产品研发项目流程优化算法运行过程中,通过交叉和变异操作,改变染色体上的基因顺序,形成新的染色体编码,从而形成新的复杂产品研发项目流程。在第 t 次迭代时,分别从父代种群 p_t 中选取一定比例的个体进行交叉和变异操作。

染色体交叉操作过程如图 8.3 所示。在父代种群中随机选择两个个体,作为交叉操作的两个父代染色体。在 $[1,n]$ 随机生成两个正整数 r_1、r_2。根据 r_1、r_2 确定父代染色体上的两个基因位置,两个基因位置之间的基因为交叉基因段,交换两个父代染色体的交叉基因段,得到两个新染色体。如果新染色体中出现重复的研发活动编号,表明该染色体对应的研发项目流程方案不可行。此时,需要把重复的研发活动编号进行处理,图 8.3 中用"＊"表示需处理的研发活动编号。可采用部分映射方法消除重复的研发活动编号,从而使得染色体对应的研发项目流程方案可行。判断当前种群中是否存在与交叉产生的新个体相同的个体,如果不存在相同的个体,则把新个体加入当前种群中;如果新个体与当前种群中的某个个体相同,则重新进行染色体交叉操作。不断重复上述过程,直到通过交叉操作加入当前种群的新个体数达到算法要求的交叉数目。

为了维持种群的多样性,需要对染色体进行变异操作。随机从父代种群中选择一个个体,对其进行变异操作,染色体变异操作过程如图 8.4 所示。在 $[1,n]$ 随机生成两个正整数 r_1、r_2,对换该染色体上

r_1、r_2 两个位置的基因,可以产生一个新的染色体(研发项目流程)。判断当前种群中是否存在与变异产生的新个体相同的个体,如果不存在相同的个体,则把新个体加入当前种群中;如果新个体与当前种群中的某个个体相同,则重新进行染色体变异操作。不断重复上述过程,直到通过变异操作加入当前种群的新个体数达到算法要求的变异染色体数目。

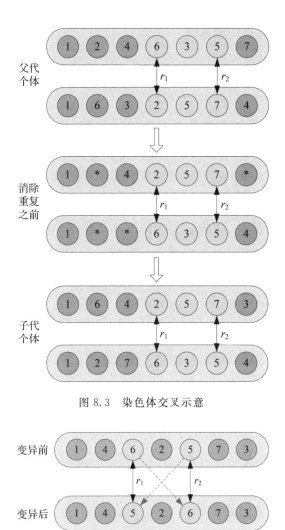

图 8.3　染色体交叉示意

图 8.4　染色体变异示意

通过交叉和变异操作,产生一个个体数量为 N 的子代种群 Q_t,把父代种群和子代种群进行合并($R_t = P_t \cup Q_t$),可以得到个体数量为 $2N$ 的种群 R_t。

(五)选择操作

NSGA-Ⅲ的选择操作主要包括以下几个步骤。

1. 个体适应度的标准化

首先,计算各个目标函数的最小值 $z_i^{\min}$($i = 1, 2, \cdots M$),根据 $z_i^{\min}$ 的值确定种群 S_t 的理想点,理想点的取值为 $\bar{z} = (z_1^{\min}, z_2^{\min}, \cdots, z_M^{\min})$,其中 M 为目标函数维数。把每个目标函数减去理想点,对每个目标函数进行转化,转化公式为:

$$f_i'(x) = f_i(x) - z_i^{\min} \tag{8.13}$$

其次,计算成绩标量函数 ASF(achievement scalarizing function):

$$ASF(x, \omega) = \max_{i=1}^{M} f_i'(x) / \omega_i \tag{8.14}$$

如果 $\omega_i = 0$,采用一个非常小的数(10^{-6})进行代替。对于转化后的第 i 个目标向量 f_i',可以找到一个极限目标向量 $z^{i,\max}$。通过极限目标向量可以构建一个 M 维的线性超平面。

最后,根据线性超平面计算第 i 个目标坐标轴的截距 a_i,对目标函数进行标准化:

$$f_i^n(x) = \frac{f_i'(x)}{a_i} \tag{8.15}$$

2. 非支配排序

对种群内的个体进行非支配排序。首先,从非支配排序的第一层开始,对种群中所有未支配排序的个体进行支配比较,把没有被其他个体支配的个体放入非支配排序的第一层。其次,对剩余的未进行非支配排序的个体进行支配比较,分配到不同的非支配前沿,直到未支配排序的个体为空集。此时,种群中所有的个体都已进行非支配排序。

3.关联参考点

关联参考点是将个体与参考点关联起来。参考点均匀地分布在标准化平面上,参考点数目(RPN)由目标函数个数(M)和等分数(p)确定:

$$RPN = C_p^{M+p-1} \tag{8.16}$$

当$M=3$、$p=3$时,将个体关联到参考点的原理示意图如图 8.5 所示。[181]关联参考点的步骤为:

首先,将参考点与原点的连线作为各个参考点对应的参考线。

其次,计算个体与参考线的垂直距离,计算公式为:

$$d(s,w) = norm(s - w's w) \tag{8.17}$$

式中,s 为各个个体在目标函数坐标系中的位置;w 为各个参考线对应的向量。

最后,比较个体与各个参考线的距离,把距离参考线最近的个体关联到相应的参考点。

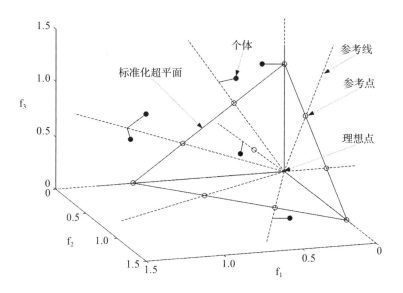

图 8.5　个体关联到参考点的原理示意

4.确定子代种群

把各个个体关联到参考点之后,一个参考点可能与一个或多个个体关联,也可能没有与任何个体关联。根据对种群 r_T 中的个体进行非支配排序结果,从非支配层的第 1 层开始,依次把各非支配层 F_i 中的个体数量相加,直到得到的种群 S_T 中的个体数量的和大于或等于种群规模 N ,假设此时包含的非支配层的最大层为 l 。如果 S_T 中个体数量的和等于种群规模 N ,直接把 S_T 作为子代种群 p_{t+1} 。如果 S_T 中个体数量的和大于种群规模 N ,需要进一步进行 l 层个体的筛选。把第 1 层至第 $l-1$ 层的个体并入到子代种群 p_{t+1} ,即 $p_{t+1}=\bigcup_{i=1}^{l-1}F_i$,令此时子代种群 p_{t+1} 中的个体数量为 $|p_{t+1}|$,则需要从第 l 层个体组成的群体 F_l 中选择 $K=N-|p_{t+1}|$ 个个体并入子代种群。

遍历每个参考点,记录各个参考点与种群 S_T-F_l (从 S_T 中去除 F_l)中个体的关联次数,令第 j 个参考点的关联次数为 K_j 。找到关联次数最小的参考点,如果存在多个关联次数最小的参考点,则从多个最小值中随机取一个参考点,假设该参考点为 jm 。

如果 jm 的关联次数 $K_{jm}=0$,存在两种情形:

(1)在 F_l 中存在个体与 jm 关联,取与 jm 对应的参考线距离最近的个体并入子代种群 p_{t+1} ,并把 K_{jm} 增加 1;

(2)在 F_l 中没有与 jm 关联的个体,把参考点 jm 删除,在此次迭代中不再考虑该参考点。

如果 jm 的关联次数 $K_jm>0$,存在两种情形:

(1)在 F_l 中存在个体与 jm 关联,从与 jm 对应的参考线关联的所有个体中随机选择一个并入子代种群 p_{t+1} ,并把 K_{jm} 增加 1;

(2)在 F_l 中没有与 jm 关联的个体,把参考点 jm 删除,在此次迭代中不再考虑该参考点。

不断地把 F_l 中的个体并入子代种群 p_{t+1} ,直到子代种群 p_{t+1} 中个体的数量等于 N ,进行下一次进化操作。

(六)算法终止判断准则

在 NSGA－Ⅲ运行过程中,如果连续几次获得的最优解集不再发生变化或者最优解集的种群距离小于某阈值、Hypervolume 指标收敛,可终止算法运行。可先进行算法试运行,如果间隔一定迭代代数所获得的最优解集不再明显发生变化,并且 Hypervolume 指标收敛,则说明算法已获得最优解,对应的算法迭代代数作为 NSGA-Ⅲ的迭代代数,当算法的迭代代数达到该次数时,算法终止运行。

第四节　不考虑隐含返工的复杂产品研发流程优化

使用 MATLAB 编程实现研发项目仿真和 NSGA－Ⅲ,参数设置为:每个个体的仿真次数为 300.0 次;种群规模为 40.0;交叉概率为 0.8;变异概率为 0.2;迭代代数根据 Pareto 前沿变化情况和 Hypervolume 指标进行确定。首先,通过运行 NSGA－Ⅲ得到研发项目流程方案的 Pareto 最优解集。其次,为得到更稳定的仿真输出,把每个 Pareto 最优解对应的研发流程仿真 5000 次,根据各个研发流程仿真输出的平均工期、平均成本等指标,在目标函数坐标系上构造各个点坐标,重新计算这些坐标点集合的 Pareto 前沿,选取新的 Pareto 最优解集与凸集的交集作为优化方案。

该情形条件下,优化问题的目标函数为研发项目的工期最短、成本最小,即 $\min[E(TD), E(TC)]$。为了便于与文献中的优化结果进行比较,以验证算法的优化效果,首先使用文献[92][164]中的数据作为输入条件运行优化算法,并与文献中的数据进行比较。

比较优化算法的迭代代数分别为 200 代、250 代的优化结果,如图8.6所示,其中圆点表示优化算法的迭代代数为 200 代时的 Pareto 最优解,圆圈表示优化算法的迭代代数为 250 代时的 Pareto 最优解。可见,优化算法的迭代代数为 200 代与 250 代所得到的 Pareto 最优解集相差很小,表明优化算法的迭代代数为 200 代时得到的优化结果已经很好。并且,当优化算法的迭代代数为 200 代时,其 Hypervolume 指标已经趋于平稳,不再继续增大,说明其 Pareto 最优解集已经收敛。因此,可以取优化算法的迭代代数为 200 代时的 Pareto 最优解集作为该情形下的优化结果。

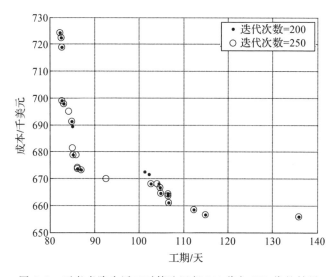

图 8.6　不考虑隐含返工时算法运行 200 代与 250 代的结果

对每个 Pareto 最优解对应的研发流程分别仿真 5000 次,得到更稳定的平均工期和成本输出,根据每种研发流程仿真输出的平均工期、成本构造坐标点,计算这些坐标点集合的 Pareto 前沿。此时,Pareto 最优解集中包含 22 个满意解,对应 22 种满意的研发流程方案,决策者可以根据其偏好直接选择满意的研发流程;也可以进一步计算所有方案对应坐标点的凸集,把 Pareto 最优解集与凸集的交集作为精选方案集合,如图 8.7 所示。

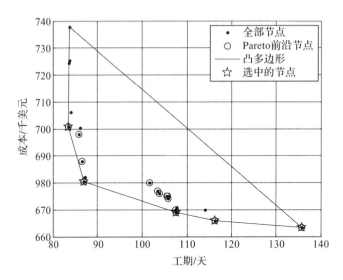

图 8.7 不考虑隐含返工时的优化方案精选

根据上述方法,可以获得 5 个满意的研发流程方案,其目标函数分别为:(107.6,669.1)、(135.8,663.4)、(87.0,680.4)、(116.2,666.0)、(83.5,700.8),任意选取其中的一个研发流程[1,8,10,4,3,5,2,9,6,7,11,12,13,14],其 DSM 如图 8.8 所示。

研发活动编号	1	8	10	4	3	5	2	9	6	7	11	12	13	14
1														
8									1		1			
10		1		1					1	1	1			
4	1				1									
3				1			1							
5	1	1			1				1			0.8	1	
2	1							1						
9	1			1		1								
6	1					0.8								
7	1								0.8					
11		1	0.9						1	1				
12	1		0.9						1	1	0.6			
13	1					1						1		
14	1	1	1	1	1	1	1	1	1	1	1	1		

图 8.8 某研发流程优化方案的 DSM

本章优化得到方案的 DSM 与文献中方案的 DSM 相比,上三角矩阵非零元素的个数略微有所增加,但是相对文献中的方案,本章优化得到的研发流程具有以下优点:

(1)返工概率矩阵、返工影响矩阵中上三角矩阵中的非零元素的值较小,从而使得返工发生的概率、产生的影响较小;

(2)工期较长、成本较大的方案后执行,从而降低这些"返工代价"较大的研发活动的返工发生概率;

(3)上三角矩阵中的非零元素更加靠近对角线,缩短了反馈链长度,从而减小了研发活动发生返工时对其后续研发活动的影响程度。

为了进一步验证本章方法的优化效果,把通过本章优化方法得到的研发流程方案与文献中的优化方案进行对比,如图 8.9 所示,可见通过本章优化方法得到的方案明显优于文献中的方案。

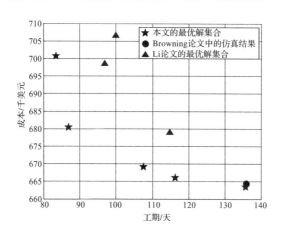

图 8.9　优化结果与文献数据的比较

第五节　考虑隐含返工的复杂产品研发流程优化

本节主要研究在考虑隐含返工的情形下,如何利用本章构建的研发流程优化方法,对复杂产品研发项目流程进行优化和分析,得到若干个满意方案。在此基础上,基于前景理论对得到的满意方案进行排序。

本节进行算例研究时,DSM、可预测返工概率、可预测返工影响、研发活动工期、研发活动成本等数据使用前一节中的数据。假设整个研发项目的隐含返工概率上限为0.03、隐含返工影响程度上限为0.10。基于 NSGA－Ⅲ对复杂产品研发项目流程进行优化。参数设置为:每个个体的仿真次数为300.0次;种群规模为40.0;交叉概率为0.8;变异概率为0.2;迭代代数根据 Pareto 前沿变化情况和 Hypervolume 指标进行确定。

当考虑隐含返工时,比较优化算法的迭代代数分别为200代、250代的优化结果,如图8.10所示,其中圆点表示优化算法的迭代代数为200代时的 Pareto 最优解,圆圈表示优化算法的迭代代数为250代时的Pareto最优解。可见,优化算法的迭代代数为200代与250代所得到的 Pareto 最优解集相差很小,表明当考虑隐含返工时,优化算法的迭代代数为200代时得到的优化结果已经很好,并且,当迭代代数为200代时,Hypervolume 指标已经趋于平稳,说明其 Pareto 最优解集已经收敛。因此,当考虑隐含返工时,可以取优化算法的迭代代数为200代时的Pareto最优解集作为该情形下的优化结果。

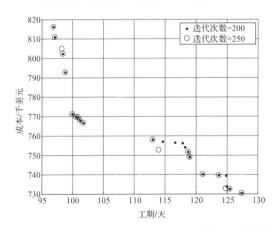

图 8.10　考虑隐含返工时算法运行 200 代与 250 代的结果

同样的方法,对每个 Pareto 最优解对应的研发流程分别仿真 5000 次,得到更稳定的仿真输出的平均工期、平均成本。把仿真 5000 次时的 Pareto 最优解集与凸集的交集作为优化方案集合,其结果如图 8.11 所示。这些满意解对应的研发流程及研发工期、成本、工时等数据如表 8.1 所示。决策者可以根据其偏好在优化方案集合中选择满意的研发流程,也可根据某种评价方法对这些满意解进行排序。

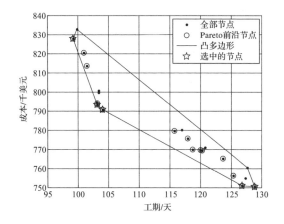

图 8.11 考虑隐含返工时的优化方案精选

表 8.1 各个方案的指标数据

方案编号	流程	工期/天	成本/千美元	工时/天
1	1,4,10,13,12,11,3,8,6,7,5,2,9,14	99.20	827.82	241.30
2	1,6,3,7,10,8,11,5,4,13,12,2,9,14	104.11	790.71	229.07
3	1,3,6,10,11,5,4,8,12,2,9,13,7,14	126.85	751.02	221.47
4	1,6,5,3,10,8,11,4,13,2,7,12,9,14	103.21	793.19	230.15
5	1,6,3,7,10,8,11,5,2,12,13,4,9,14	128.92	750.32	221.06

第六节　基于前景理论的复杂产品研发
流程方案选择

一、复杂产品研发流程方案选择问题介绍

决策者在选择复杂产品研发项目流程方案时,需要综合考虑工期、成本、工时等多个方面对各个方案进行评价。通常,研发工期与其所带来的效用不是线性关系,而且某种程度的研发项目超期完成与相同程度的提前完成给决策者所带来效用不同,工期与效用的关系如图8.12所示。同样,研发成本、工时与其所带来的效用不是线性关系,某种程度的研发项目超支或超工时与相同程度的节省成本或节省工时给决策者所带来的效用不同。因此,为从 Pareto 最优解集中科学选择理想的方案,根据仿真输出数据,基于前景理论对各个研发流程方案进行排序,并选择满意的研发流程方案。

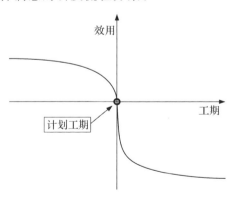

图 8.12　工期的效用函数曲线

在进行研发流程方案选择时,考虑的指标主要包括:工期、成本、工时,指标的权重向量为 $\omega = (0.5, 0.4, 0.1)$。假设规划的研发项目

运行参数为:计划工期为 120 天,计划成本为 760 千美元,预期工时为 230 天。

二、变量和集合的表示

$DTP = \{DTP_1, DTP_2, \cdots, DTP_m\}$:研发流程备选方案集合。其中:$DTP_i$ 为第 i 个备选流程方案,$i \in M, M = \{1, 2, \cdots, m\}$。

$C = \{C_1, C_2, \cdots, C_n\}$:研发项目运行效果评价指标集合。其中:$C_j$ 为第 j 个评价指标,$j \in N, N = \{1, 2, \cdots, n\}$。通常可分为效益型指标 N_1 和成本型指标 N_2,效益型指标表示该指标取值越大,研发项目运行效果越好,而成本型指标表示该指标取值越小,研发项目运行效果越好,且满足 $N_1 \cap N_2 = \varnothing, N_1 \cup N_2 = N$。

$\omega = (\omega_1, \omega_2, \cdots, \omega_n)$:研发项目运行效果评价指标权重向量。其中:$\omega_j$ 为研发项目运行效果评价指标 C_j 的权重,$j \in N$,且满足 $\omega_j \geqslant 0$,$\sum_{j=1}^{n} \omega_j = 1$。

$D = [D_{ij}]_{m \times n}$:研发流程方案运行效果评价矩阵。其中:$D_{ij}$ 为研发项目流程方案 DTP_i 指标 C_j 的值,$i \in M, j \in N$。

$R = \{r_1, r_2, \cdots, r_n\}$:决策者根据各种因素给出的研发项目运行效果评价指标的期望水平向量,$j \in N$。r_j 为决策者所给出的研发项目运行效果指标 C_j 的期望水平,$j \in N$。当运行效果指标 C_j 为效益型指标时,若方案 DTP_i 的运行效果指标 $D_{ij} \geqslant r_j$,则该方案的指标 j 达到决策者的期望水平;否则,指标 j 没有达到决策者的期望水平。当运行效果指标 C_j 为成本型指标时,若方案 DTP_i 的运行效果指标 $D_{ij} \leqslant r_j$,则该方案的指标 j 达到决策者的期望水平;否则,指标 j 没有达到决策者的期望水平。

三、基于前景理论的复杂产品研发项目运行效果评价

首先,合理确定研发项目运行效果评价指标的期望水平,依据前

景理论分别计算各个方案在各个指标下的前景价值。[183][184]

将各个研发项目运行效果评价指标期望水平 r_j 作为参照点。对于效益型指标,如果方案 DTP_i 的运行效果指标 $D_{ij} \geqslant r_j$,则表明 D_{ij} 达到期望水平 r_j,可将 $(D_{ij}-r_j)$ 视为方案 DTP_i 的"收益";如果方案 DTP_i 的运行效果指标 $D_{ij} < r_j$,则表明 D_{ij} 未达到期望水平 r_j,可将 (r_j-D_{ij}) 视为方案 DTP_i 的"损失"。对于成本型指标,如果方案 DTP_i 的运行效果指标 $D_{ij} \leqslant r_j$,则表明 D_{ij} 达到期望水平 r_j,可将 (r_j-D_{ij}) 视为方案 DTP_i 的"收益";如果方案 DTP_i 的运行效果指标 $D_{ij} > r_j$,则表明 D_{ij} 未达到期望水平 r_j,可将 $(D_{ij}-r_j)$ 视为方案 DTP_i 的"损失"。根据前景理论,分别计算各个方案的各个运行效果评价指标的损益值 $\varphi(D_{ij})$,计算公式可表示为:

$$\varphi(d_{ij}) = \begin{cases} d_{ij}-r_j & i \in M, j \in N_1 \\ r_j-d_{ij} & i \in M, j \in N_2 \end{cases} \tag{8.18}$$

通过计算,可以得到各个方案在各个指标下的损益值,如表 8.2 所示。

表 8.2　各个方案的损益值

方案编号	工期	成本	工时
1	20.80	−67.82	−11.30
2	15.89	−30.71	0.93
3	−6.85	8.98	8.53
4	16.79	−33.19	−0.15
5	−8.92	9.68	8.94

其次,根据各个方案的各个指标的损益值计算对应的前景价值 V_{ij},计算公式为:

$$V_{ij} = \begin{cases} [\varphi(d_{ij})]^\alpha & \varphi(d_{ij}) \geqslant 0 \\ -\theta[-\varphi(d_{ij})]^\beta & \varphi(d_{ij}) < 0 \end{cases} \tag{8.19}$$

式中,α 和 β 为决策者分别面对"收益"和"损失"时的风险态度系数，$\alpha,\beta\in(0,1)$；θ 为损失规避系数，$\theta>1$，θ 越大，表明决策者对损失越敏感。

结合文献[185]的研究结论，在计算各个方案的各个运行指标的前景价值时取 $\alpha=\beta=0.88$，$\theta=2.25$。

通过计算，得到的工期、成本、工时等运行指标的前景价值为不同的量纲。为消除不同量纲的影响，对各个前景价值 v_{ij} 进行归一化。首先，取各个评价指标前景价值绝对值的最大值 V_{maxj}；然后，各个评价指标的前景价值 V_{ij} 分别除以 V_{maxj}，将其规范化为归一化前景价值 Z_{ij}。归一化公式为：

$$Z_{ij}=\frac{V_{ij}}{V_{maxj}}, \quad i\in M, j\in N \qquad (8.20)$$

其中

$$V_{maxj}=\max_{i\in M}\{|V_{ij}|\}, \quad j\in N \qquad (8.21)$$

通过上述步骤，得到各个方案的工期、成本、工时等运行指标的归一化前景价值，如表 8.3 所示。

表 8.3 各个方案的归一化前景价值

方案编号	工期	成本	工时
1	0.94	−1.00	−1.00
2	0.74	−0.50	0.05
3	−0.79	0.08	0.35
4	0.78	−0.53	−0.02
5	−1.00	0.08	0.36

最后，根据各个评价指标的权重和归一化前景价值计算各个方案的综合前景值 U_i，计算公式为：

$$U_i=\sum_{j=1}^{n}\omega_j Z_{ij}, \quad i\in M, j\in N \qquad (8.22)$$

式中，ω_j 为各个评价指标的权重向量。

经过计算,可以得到各个复杂产品研发项目流程方案的综合前景值,计算结果如表 8.4 所示。

表 8.4 各个方案的综合前景值

方案编号	1	2	3	4	5
综合前景值	-0.03	0.18	-0.33	0.17	-0.43

根据综合前景值U_i的大小对方案进行排序,可得到各个复杂产品研发项目流程方案的排序结果为:$DTP_2 > DTP_4 > DTP_1 > DTP_3 > DTP_5$。选择总分最高的方案 2 作为最优的研发项目流程优化方案,该方案的平均工期为 104.11 天、平均成本为 790.71 千美元、平均工时为 229.07 天,研发流程为:$[1,6,3,7,10,8,11,5,4,13,12,2,9,14]$。

第七节 本章小结

本章把仿真模型与多目标进化算法相结合,对复杂产品研发项目流程进行优化。考虑研发活动工期和成本、返工迭代、重叠执行等多种不确定因素,以研发项目工期最短、成本最小为优化目标,通过仿真对研发项目运行效果进行评价,基于 NSGA-Ⅲ 对研发项目流程进行优化。通过算例分别研究了不考虑隐含返工、考虑隐含返工情形下的研发项目的流程优化,并研究了基于前景理论的复杂产品研发项目流程方案评价排序方法。

本章使用研发项目仿真输出的平均工期、平均成本作为多目标优化算法的适应度评价指标,更能真实反映复杂产品研发项目的运行效果。本章所使用的 NSGA-Ⅲ 是最新的多目标优化算法,在不考虑隐含返工的情形下,通过与文献数据比较表明,本章所构建方法的优化效果更好。在此基础上,基于前景理论对研发流程方案进行排序,选择最优的研发项目流程方案,为研发项目管理者合理决策提供科学依据。

第九章　复杂产品研发项目资源配置优化

近年来,各国都特别重视制造业的发展,如美国的"工业互联网"战略、德国的"工业 4.0"战略以及我国的"中国制造 2025"战略等,而装备制造业是国家制造能力的集中体现。研发是装备制造的重要环节,也是装备制造的核心。我国非常重视产品研发,并投入了巨大的资源,2022 年,我国投入的研发人员全时当量达 635.4 万人年、研发经费支出达 30782.9 亿元。在复杂产品研发项目运行过程中,为了合理利用资源,充分发挥资源的效用,需要科学制定研发项目资源配置方案,从而保障研发项目的顺利完成,促进装备制造业的可持续发展。通常情况下,研发项目具有资源投入量大、研发活动数量多、网络结构复杂、不确定性大等特点。[2]由于总资源量是有限的,在研发项目运行过程中,可能会发生资源冲突,此时,需要考虑各个研发活动占用资源的优先级。[96][186]

本章考虑资源分配量对工期、成本等指标的影响,构建研发活动工期、成本与资源分配数量之间关系的数学模型。使用研发项目仿真输出的工期、成本等参数对资源配置方案进行评价,基于 MOPSO (Multi-Objective Particle Swarm Optimization)算法对复杂产品研发项目的资源配置进行优化。本章研究的资源为可更新资源,可更新资源在每个时刻的供应量是有限的,不随研发项目的进展而消耗,例如人力、设备等。主要研究在给定资源总量的条件下,考虑研发项目的多种不确定性因素,如何给各个研发活动合理分配资源。该问题具体可描述为:复杂产品研发项目包含多个研发活动,研发活动之间存在串行、并行、返工迭代、重叠执行等多种不确定关系。整个研发项目可用的资源总量是有限的,给研发活动分配的资源数量会影响其工期和成本,给某研发活动分配的资源数量越多,该研发活动的工期越短、成本越大。当给某研发活动分配的资源数量一定时,该研发活动的工期、成本在一定的范围内随机波动。在给定的研发流程下,以研发项目平均工期最短、平均成本最小为目标,对复杂产品研发项目的资源配置方案进行优化,得到给各个研发活动分配的资源数量。

第一节　研发活动工期、成本与资源分配数量的关系

一、研发活动工期与资源分配数量的关系

当前文献在进行研发项目资源配置时,大多假定研发活动工期为常量或者服从某种分布。通常情况下,在复杂产品研发项目运行过程中,给研发活动分配的资源量会影响其工期,基于此,可构建研发活动工期与其资源分配量之间的关系模型。

通常给研发活动分配的资源量越多,其工期越短,但随着资源量的增大,工期的减小速度越来越慢。研发活动执行需要团队合作才能完成,因此,给研发活动分配的资源量需要达到一定规模(资源需求最小量),该研发活动才能够执行,此时对应的资源量为该研发活动的"资源需求最小量"。随着给研发活动分配资源量的增加,其工期会越来越短,但在研发活动执行过程中,团队成员需要经历知识积累、信息传递、知识吸收等过程,给研发活动分配的单位资源的效用会随着资源数量的增加而降低。由于受到研发活动准备、内部活动顺序、信息传递等因素的影响,研发活动工期不会无限缩短,通常会存在一个最短的研发活动工期,如果达到该最短工期,再继续给该研发活动增加

资源,其工期不再缩短,此时对应的资源量为该研发活动的"资源需求
最大量"。研发活动工期与资源分配量的关系如图 9.1 所示。

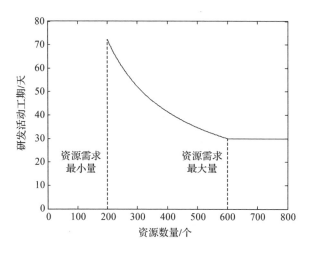

图 9.1 研发活动工期与资源分配量的关系示意

令完成某研发活动所需的总工作量为定值,即无论分配给研发活
动的资源量是多少,其完成所需的总工作量是不变的。建立研发活动
工期与资源分配量之间关系的数学模型,研发活动 i 的工期与资源分
配量的关系可表示为:

$$D_i = \begin{cases} \infty & R_i < RL_i \\ TM_i \times \left(\dfrac{RU_i}{R_i} \right)^\alpha & RL_i \leqslant R_i \leqslant RU_i \\ TM_i & R_i > RU_i \end{cases} \quad (9.1)$$

式中,D_i 为研发活动 i 的工期;R_i 为研发活动 i 的资源分配量;
TM_i 为研发活动 i 的最短工期;RL_i 为研发活动 i 可以执行时所需的
最小资源数量,即研发活动 i 的资源需求最小量;RU_i 为研发活动 i 的
工期最短时对应的资源分配量,即研发活动 i 的资源需求最大量;α 为
调整系数,其取值范围为 $(0,1)$,α 的取值越大,给研发活动增加单位资
源时的边际效用越大,研发活动工期缩短得越多。

二、研发活动成本与资源分配数量的关系

在复杂产品研发项目运行过程中,给某个研发活动分配的资源数量不同,单位资源发挥的效用不同。通常情况下,资源的边际效用会随着资源分配量的增加而降低。因此,给某个研发活动分配不同的资源数量,完成该研发活动的成本也会有所不同。

假设研发活动占用单位资源单位时间的成本为定值,完成研发活动所需的成本可由占用资源的单位成本、资源数量和占用时间等参数进行计算。由于研发活动存在最短工期,当达到该最短工期时,再继续给该研发活动分配资源,完成该研发活动的成本将会直线增加。研发活动成本与资源分配量的关系如图9.2所示。

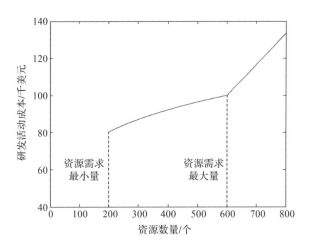

图9.2 研发活动成本与资源分配量的关系示意

以资源需求最大量时的研发活动成本计算该研发活动占用单位资源单位时间的成本。研发活动 i 占用单位资源单位时间的成本可表示为:

$$CP_i = \frac{CM_i}{RU_i \times TM_i} \qquad (9.2)$$

式中,CP_i 为研发活动 i 占用单位资源单位时间的成本;CM_i 为给研发活动 i 分配的资源数量为资源需求最大量时对应的成本。

研发活动占用资源所消耗的成本与占用资源数量和占用时间成正比,当 $RL_i \leqslant R_i \leqslant RU_i$ 时,完成研发活动 i 所消耗的成本可表示为:

$$C_i = CP_i \times R_i \times D_i$$
$$= CM_i \times \left(\frac{R_i}{RU_i}\right)^{1-\alpha} \tag{9.3}$$

式中, C_i 为完成研发活动 i 所消耗的成本。

当 $r_i > RU_i$ 时,虽然给研发活动 i 分配的资源数量增加,但其工期不再缩短,此时,完成研发活动 i 所消耗的成本可表示为:

$$C_i = CP_i \times R_i \times D_i$$
$$= \frac{CM_i \times R_i}{RU_i} \tag{9.4}$$

因此,给研发活动 i 分配不同的资源数量,完成研发活动 i 所消耗的成本与资源分配量的关系可表示为:

$$C_i = \begin{cases} \infty & R_i < RL_i \\ CM_i \times \left(\frac{R_i}{RU_i}\right)^{1-\alpha} & RL_i \leqslant R_i \leqslant RU_i \\ \dfrac{CM_i \times R_i}{RU_i} & R_i > RU_i \end{cases} \tag{9.5}$$

第二节　基于 MOPSO 算法的研发项目资源配置优化

一、算法框架

MOPSO 算法是将 PSO(Particle Swarm Optimization)算法用于解决多目标优化问题。[187][188] 每个粒子都代表多目标优化问题的一个潜在解,用位置、速度、适应度值等三项指标表示粒子的特征。从初始粒子群中筛选非劣解集,当一个粒子不受其他粒子支配时,把粒子放入非劣解集中。粒子通过跟踪个体最优粒子 $pBest$（个体所经历位置中计算得到的适应度值最优的位置）和群体最优粒子 $gBest$（群非劣解集中随机选择的粒子位置）更新自身位置。合并个体最优粒子 $pBest$ 集和当前非劣解集，并从中筛选出新的非劣解集。不断迭代直到找到满意解。

　　本章通过研发项目仿真输出的工期、成本对资源配置进行评价，使用 MOPSO 算法进行复杂产品研发项目资源配置优化。按照研发项目资源配置方案对粒子的位置进行编码，以研发项目仿真输出的平均工期、成本等指标评价资源配置方案的优劣，并将粒子以逐渐降低的概率进行变异，通过不断的迭代寻找满意的资源配置方案。其算法伪代码如图 9.3 所示。

输入：复杂产品研发项目研发流程、活动工期、活动成本、实时运行数据、
　　　资源种类、可用资源总量等
输出：复杂产品研发项目资源分配方案
产生初始的粒子群（资源分配方案集合）
for it=1: $MaxIt$
　　for k=1: $nPop$
　　　　选择群体最优粒子$gBest$（群体最优方案）
　　　　更新粒子速度v_k
　　　　更新粒子位置x_k
　　　　if $rand$<pm
　　　　　　粒子变异操作（产生新的资源分配方案）
　　　　end if
　　　　评价粒子k的适应度
　　　　更新个体最优粒子$pBest$
　　end for
　　将非支配粒子保存到外部参考点
　　确定外部参考点中的支配关系
　　保留外部参考点中的非支配粒子
　　更新网格和网格索引
　　if $numel(rep)$>$nRep$
　　　　从外部参考点中删除 ($numel(rep) - nRep$) 个粒子
　　end if
end for

图 9.3　基于 MOPSO 的资源分配优化算法伪代码

二、算法实现

(一)粒子编码

每个粒子位置表示一种复杂产品研发项目资源配置方案,粒子位置的各维表示给该研发活动分配的资源数量。每个粒子的速度表示对应资源配置方案的变化速度,粒子速度的各维表示给该研发活动分配的资源数量的变化速度。在资源配置优化过程中,粒子的位置、速度表达式分别为:

$$x_k = (x_{k1}, x_{k2} \cdots, x_{kj}, \cdots, x_{kn}) \tag{9.6}$$

$$v_k = (v_{k1}, v_{k2}, \cdots, v_{kj}, \cdots, v_{kn}) \tag{9.7}$$

式中,k 为粒子编号,即资源配置方案编号;x_k 为粒子 k 的位置,即资源配置方案;j 为研发活动编号;x_{kj} 为粒子 k 中给研发活动 j 分配的资源数量;v_k 为粒子 k 的速度,即资源分配量变化速度;v_{kj} 为粒子 k 中给研发活动 j 分配资源数量的增减速度。

(二)适应度评价

在给定的复杂产品研发项目流程下,当给研发活动分配不同的资源数量时,资源所发挥的效用不同,研发项目的运行效果也不相同。在资源配置优化过程中,需要对不同的资源配置方案的运行效果进行评价。选取研发项目的工期、成本等指标作为研发项目的运行效果的评价指标。在该算法中,目标函数为研发项目的工期最短、成本最小,即:

$$\min[E(TD), E(TC)] \tag{9.8}$$

式中,$E(TD)$ 为研发项目仿真输出的平均工期;$E(TC)$ 为研发项目仿真输出的平均成本。

由于研发项目过程复杂、不确定性影响因素多,难以用数学模型对其工期、成本进行求解分析。本章首先构建研发活动的资源分配数量与其工期、成本分布之间关系的数学模型,然后,以此为仿真模型的研发活动工期、成本的输入,并考虑研发活动之间的各种关系、返工迭代、重叠执行、资源约束、学习效应、资源占用优先级等因素,采用文献[69]中的仿真方法得到不同资源配置方案下的研发项目的工期、成本。

通过平均工期和平均成本等指标对不同资源配置方案下的研发项目运行效果进行评价。由于难以直接进行数学建模求解研发项目的工期和成本,基于 DSM 对各个粒子对应的资源配置方案下的研发项目进行仿真,具体的仿真建模过程参考文献[69]。以仿真输出的平均工期和平均成本作为各个粒子的适应度评价指标,对各个粒子对应的研发项目资源配置方案进行非支配排序。

(三)粒子速度、位置的更新及修正

由于给研发活动分配的资源数量要求为整数,需要对粒子速度的各维的值进行取整数。为防止粒子过快地从搜索空间的一个区域飞向另一个区域,将粒子每一维速度(资源分配量变化速度)限制在 $[v\min_j, v\max_j]$ 范围之内。速度可以取正值,也可以取负值,因此,最小速度 $v\min_j < 0$,最大速度 $v\max_j > 0$。若粒子 k 第 j 维的速度小于 $v\min_j$,则 $v_{kj}(t)$ 取 $v\min_j$;若粒子 k 第 j 维的速度大于 $v\max_j$,则 $v_{kj}(t)$ 取 $v\max_j$。粒子 k 的速度更新公式为:

$$vNew = round\{\omega \cdot v_k(t) + c_1 \cdot r_1 \cdot [pBest_k(t) - x_k(t)]$$
$$+ c_2 \cdot r_2 \cdot [gBest_k(t) - x_k(t)]\} \tag{9.9}$$

$$v_{kj}(t+1) = \begin{cases} v\min_j, & vNew_j \leqslant v\min_j \\ v\max_j, & vNew_j \geqslant v\max_j \\ vNew_j, & v\min_j < vNew_j < v\max_j \end{cases} \tag{9.10}$$

式中,$v_{kj}(t+1)$ 为 $t+1$ 次迭代时粒子 k 第 j 维的速度;$v_k(t)$ 为 t 次迭代时粒子 k 的速度;$x_k(t)$ 为 t 次迭代时粒子 k 的位置;ω 为惯性权重;C_1、C_2 分别为个体加速因子、群体加速因子;r_1 和 r_2 为 $(0,1)$ 区

间上的随机数；$pBest_k(t)$ 为个体历史最优位置；$gBest_k(t)$ 为群体历史最优位置；$round$ 为四舍五入取整函数。

在计算粒子的位置时，由于给每个研发活动分配的资源数量有一定的数量限制，将粒子的每一维位置（资源分配量）限制在 $[x\min_j, x\max_j]$ 范围之间。若粒子 k 第 j 维的资源分配数量小于其最小资源分配数量 $x\min_j$，则 $x_{kj}(t)$ 取 $x\min_j$；若粒子 k 第 j 维的资源分配数量大于其最大资源分配数量 $x\max_j$，则 $x_{kj}(t)$ 取 $x\max_j$。粒子 k 的位置更新公式为：

$$xNew = x_k(t) + v_k(t+1) \tag{9.11}$$

$$x_{kj}(t+1) = \begin{cases} x\min_j, & xNew_j \leqslant x\min_j \\ x\max_j, & xNew_j \geqslant x\max_j \\ xNew_j, & x\min_j < xNew_j < x\max_j \end{cases} \tag{9.12}$$

式中，$x_{kj}(t+1)$ 为 $t+1$ 次迭代时粒子 k 第 j 维的位置。

(四)变异操作

MOPSO 算法收敛速度快，能够快速得到优化结果，但同时可能会使粒子种群陷入局部最优解而无法跳出。为克服该缺陷，在研发项目资源配置优化算法迭代过程中对粒子进行变异操作。在优化算法迭代的初始阶段，所得到的解集与最优解集的差距较大，需要进行大范围的搜索，此时，为扩大对资源配置方案搜索范围，取较大的粒子变异概率；随着迭代次数的增加，所得到的解集与最优解集的差距逐渐缩小，为使算法能够快速收敛，逐渐减小粒子的变异概率，即随着迭代次数的增加，粒子的变异概率逐渐降低。粒子的变异概率可表示为：

$$pm(t) = \left[1 - \frac{(t-1)}{(MaxIt-1)} \right]^{\frac{1}{\mu}} \tag{9.13}$$

式中，$pm(t)$ 为第 t 次迭代时的变异概率；$MaxIt$ 为 MOPSO 算法的最大迭代次数；μ 为调整系数。

在粒子变异过程中，首先随机选择粒子上的位置 r，其对应的资源分配量的变异范围为：

$$lb_r = \max\{[x_r - \text{round}(pm \cdot x\max_r - pm \cdot x\min_r)], x\min_r\}$$

（9.14）

$$ub_r = \min\{[x_r + \text{round}(pm \cdot x\max_r - pm \cdot x\min_r)], x\max_r\}$$

（9.15）

式中，lb_r 为粒子位置 r 对应的资源分配量的变异范围下限；ub_r 为粒子位置 r 对应的资源分配量的变异范围上限；x_r 为粒子位置 r 对应的当前资源分配量；$x\max_r$ 为粒子位置 r 对应的资源分配量的最大值；$x\min_r$ 为粒子位置 r 对应的资源分配量的最小值。

令粒子位置 r 对应的资源分配量为 lb_r 与 ub_r 之间的随机整数，产生新的研发项目资源配置方案，完成粒子的变异过程。

第三节　算例研究

一、案例描述

以某无人机研制任务的资源配置问题为例进行算例研究，该无人机研制任务包含 14 个研发活动，各个研发活动的工期、成本、资源需求量等数据如表 9.1 所示。其中，"资源需求最大量"为研发活动的资源需求的最大数量，给该研发活动分配的资源数量大于该值，该研发活动的工期不再缩短；"资源需求最小量"为"资源需求最大量"的 60%，若给研发活动分配的资源量小于其"资源需求最小量"，则研发活动不能执行。"最短工期"为给研发活动分配的资源量为"资源需求最大量"时所对应的工期，假设其服从三角分布，DM_o、DM_m、DM_p 分别表示"最短工期"的最乐观工期、最可能工期、最悲观工期。"最大成本"为给研发活动分配的资源量为"资源需求最大量"时所对应的成本,假设其服从三角分布,CM_o、CM_m、CM_p 分别表示"最大成本"的最乐观成本、最可能成本、最悲观成本。

表 9.1　某无人机研发任务的部分输入数据

编号	研发活动名称	最短工期/天			最大成本/千美元			资源需求
		DM_o	DM_m	DM_p	CM_o	CM_m	CM_p	最大量 RU
1	方案论证	1.90	2.00	3.00	8.60	9.00	13.50	400.00
2	初步设计方案配置	4.75	5.00	8.75	5.30	5.63	9.84	600.00
3	准备表面模型与内部图纸	2.66	2.80	4.20	3.00	3.15	4.73	600.00
4	空气动力学分析与评估	9.00	10.00	12.50	6.80	7.50	9.38	400.00
5	确立初步结构	14.30	15.00	26.30	128.00	135.00	236.00	600.00
6	准备有限元模型结构	9.00	10.00	11.00	10.00	11.30	12.40	500.00
7	开发结构设计参数	7.20	8.00	10.00	11.00	12.00	15.00	500.00
8	惯性分析	4.75	5.00	8.75	8.90	9.38	16.40	300.00
9	稳定控制分析与评估	18.00	20.00	22.00	20.00	22.50	24.80	500.00
10	建立受力图	9.50	17.50	21.00	22.50	39.40		500.00
11	确定内载荷分布	14.30	15.00	26.30	21.00	22.50	39.40	500.00
12	评估结构强度、刚度与寿命	13.50	15.00	18.80	41.00	45.00	56.30	400.00
13	初步制造计划分析	30.00	32.50	36.00	214.00	232.00	257.00	600.00
14	生成阶段报告	4.50	5.00	6.25	20.00	22.50	28.10	500.00

在无人机研制任务资源配置过程中,给某个研发活动分配的资源数量也不同,该研发活动的工期、成本等参数也不同。假设给研发活动分配不同的资源数量时,对应的工期、成本的分布函数均为三角分布。该无人机研制任务的 DSM、返工概率矩阵、返工影响矩阵、重叠比例矩阵、重叠影响矩阵、学习曲线等数据参考文献。[30][69]

二、研制任务资源配置优化

(一)参数设置

研制任务可用的资源总量为 1000,研制任务流程为:[1 7 2 3 6 5 13 8 4 10 9 12 11 14],以研制任务工期最短、成本最小为目标函数,基于 MOPSO 算法对该无人机研制任务资源配置方案进行优化。文献分析表明当初始惯性权重 ω 为 0.729844,个体加速因子 C_1、群体加速因子 C_2 均为 1.49618,MOPSO 算法优化效果最好[189][190]。由于本章对传统的 MOPSO 算法进行了改进,该参数组合下得到的优化结果不是最优的。通过多次试验表明,在本算例给定的条件下,ω 取 0.8,C_1、C_2 均为 1.5,得到的优化结果较好。MOPSO 算法的其余参数设置为:迭代次数为 200 次;种群规模为 100;外部档案个体数为 50;惯性权重阻尼率 $\omega damp$ 为 0.99;初始变异率调整系数 μ 为 0.1,变异率随迭代次数的增加而降低。

由于本章方法需要不断地通过仿真评价资源配置方案,每种方案的仿真次数越多,仿真的输出结果越稳定。而算法的运行时间主要是仿真时间,如果每种方案的仿真次数过多,会造成算法运行时间太长。为此,首先,在通过运行 MOPSO 算法求 Pareto 最优解集时,把各种资源配置方案下研制任务的仿真次数设定为 500 次,得到 Pareto 最优解集。然后,把 Pareto 最优解集中的每个最优解映射到相应的资源配置方案,把仿真次数设定为 5000 次,对各个方案进行精细仿真,根据仿真输出的研制任务工期和成本,重新计算 Pareto 最优解集,并计算其凸集,选取 Pareto 最优解集与凸集的交集作为精选解集。

(二)优化结果及分析

以给每个研发活动分配的资源量都为其资源需求最大量作为优化前的方案。为了验证所构建方法的优化效果,把本章所构建方法优化后的方案与优化前的方案,通过 NSGA-Ⅱ、NSDE、SPEA-Ⅱ优化后的方案进行对比。优化前,研制任务的工期和成本分别为(118.1,690.1);通过本章所构建方法优化得到的研制任务工期和成本分别为(135.1,622.7)、(121.2,626.9)、(118.4,627.9)、(111.8,650.3)、(113.2,644.5);通过 NSGA-Ⅱ优化得到的研制任务工期和成本分别为(132.2,628.9)、(112.7,642.2)、(123.3,630.5)、(118.4,633.9)、(114.9,

637.6)、(121.3,631.0);通过 NSDE优化得到的研制任务工期和成本分别为(120.3,633.8)、(115.1,641.3)、(124.2,631.2)、(122.1,632.3)、(117.3,636.4)、(111.5,649.4);通过 SPEA-Ⅱ优化得到的研制任务工期和成本分别为(133.1,629.9)、(124.8,630.3)、(123.9,630.6)、(115.5,640.7)、(122.0,632.8)、(112.0,647.8)。通过不同的算法进行资源配置优化得到的无人机研制任务的工期、成本如图 9.4 所示。可见,通过上述方法对研制任务资源配置进行优化,可使研制任务工期有所缩短、成本得到明显改善,而且通过 MOPSO 算法优化比通过 NSGA-Ⅱ、NSDE、SPEA-Ⅱ等算法优化得到的研制任务成本更低,说明基于 MOPSO 算法的优化效果更好。

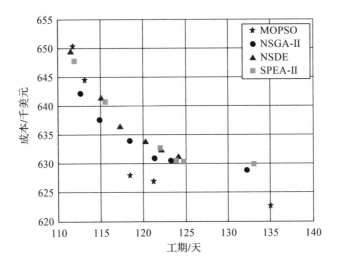

图 9.4 通过不同资源配置优化方法得到的工期、成本比较

优化前和优化后的无人机研制任务资源配置方案及其对应的工期、成本、资源冲突次数、返工次数等参数如表 9.2 所示。通过研制任务资源配置优化,可以降低资源冲突程度。研制任务执行过程中,与优化前的方案对比,通过 MOPSO 算法优化的方案的资源冲突出现次数的均值分别降低了 62.2%、62.5%、60.5%、52.6%、62.9%。资源冲突次数均有了很大程度的降低。但优化后的研制任务平均返工次数没有明显的变化趋势。

表9.2 资源配置优化前与优化后的研制任务运行效果

资源配置方案	工期/天	成本/千美元	资源冲突次数/次	返工次数/次
400 600 600 400 600 500 500 300 500 400 500 400 600 500	118.1	690.1	29.1	11.2
240 361 365 240 372 341 300 182 301 243 308 400 371 300	135.1	622.7	10.1	10.5
353 360 368 242 360 306 304 180 300 245 329 400 366 427	121.2	626.9	10.7	10.6
354 363 360 297 368 316 302 181 300 244 330 400 367 500	118.4	627.9	11.7	10.9
400 369 377 313 432 318 302 190 308 241 353 240 402 500	111.8	650.3	18.0	13.5
369 364 385 290 437 308 301 180 312 240 374 241 365 494	113.2	644.5	16.5	13.4

　　当资源总量有限时,在研制任务执行过程中可能会存在资源冲突,某些研发活动会受到资源的限制而无法及时执行,需要等到其他研发活动完工释放资源后才能开始执行。优化前和优化后的资源配置方案下研制任务某次执行过程的甘特图如图9.5所示。

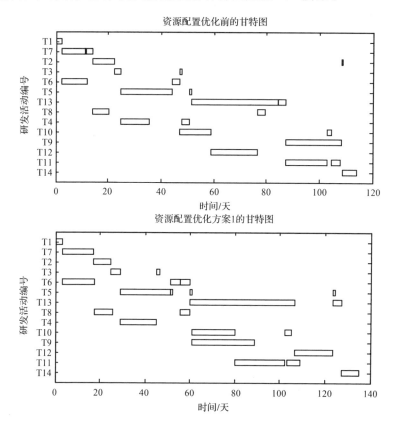

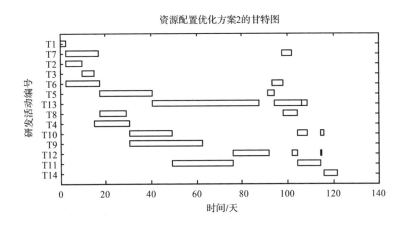

资源配置优化方案2的甘特图

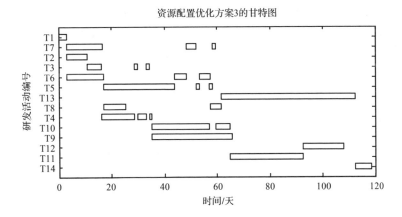

资源配置优化方案3的甘特图

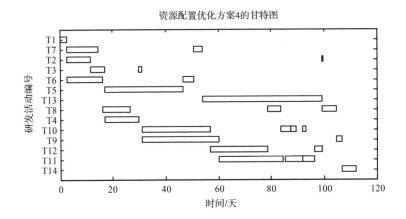

资源配置优化方案4的甘特图

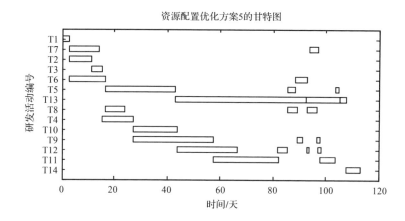

图 9.5　不同资源配置方案下的研制任务执行过程甘特图

当给各个研发活动分配的资源量为其需求量的最大值时,资源冲突最严重。此时,某些研发活动资源冲突不能并行执行,导致并行执行的研发活动数量减少。虽然每个研发活动工期均为最短,但整个研制任务的工期不是最短,而且在这种情况下,各个研发活动完成所需的成本比较大,整个研制任务完成所需的成本也比较大。因此,该方案通常不是满意方案。

通过研制任务资源配置优化,给研发活动合理分配资源,可以降低某些研发活动完成所需的成本,从而可以有效降低整个研制任务的成本。根据研制任务的运行过程给各个研发活动合理分配资源,给研发活动分配的资源数量的减少会使研发活动工期变大,但同时会减少研制任务运行过程中研发活动之间的资源冲突,增加并行执行的研发活动数量,可在一定程度上降低研制任务的工期。但如果过分地追求低成本,给研发活动分配的资源数量太少,就会使研制任务工期增加。

通过无人机研制任务资源配置优化案例分析表明,研制任务资源配置优化可在一定程度上缩短研制任务工期,有效降低研制任务成本,减轻研发活动之间的资源冲突程度。

第四节　本章小结

　　考虑资源分配数量对研发活动工期、成本等参数的影响,构建研发活动工期与资源分配量、研发活动成本与资源分配量之间关系的数学模型,在模型中考虑了资源的边际效用、研发活动的最大资源需求数量和最小资源需求数量等因素,所构建的关系数学模型更为科学。在传统研制任务仿真模型的基础上,考虑了资源分配数量对研发活动工期、成本等参数的影响,所构建的仿真模型更能真实反映不同资源配置方案下的研发项目运行效果。根据研发项目资源配置优化问题的特点,把不同资源配置方案下的研发项目仿真模型嵌入到 MOPSO 算法中,以研发工期最短、成本最小等作为目标函数,构建了基于 MOPSO 的研发项目资源配置多目标优化算法,并把所构建优化方法与基于 NSGA－Ⅱ、NSDE、SPEA－Ⅱ等方法的研发项目资源配置多目标优化算法进行比较。通过算例表明,本章所构建方法可根据研发项目的运行过程进行资源配置优化,而且优化效果明显。通过给各个研发活动合理分配资源,能够大幅度降低研发项目运行过程中研发活动之间的资源冲突程度,可在一定程度上缩短研发工期,并有效降低研发成本。本章所构建方法,能够在较大程度上改善研发项目资源配置方案,为决策者制定资源配置方案提供科学依据,保障研发项目的顺利完成。

第十章 复杂产品研发流程与资源
配置联合优化

第一节 问题描述

复杂产品研发过程中,给各个研发活动分配的资源数量会影响其工期,进而会影响整个研发项目的工期和成本。研发项目的流程和资源配置均会对研发项目的工期和成本造成影响。研发项目流程与资源配置方案密切相关,不同的资源配置方案下,最优研发项目流程也不相同;不同的研发项目流程下,最优资源配置方案也不相同。因此,需要协调调度各个参研单位,并合理分配资源,对研发项目流程与资源配置方案进行联合优化。

根据复杂产品研发过程中所用的资源是否通用,可把研发项目流程与资源配置联合优化问题分为两种情况:资源通用情形下研发项目流程与资源配置联合优化、团队限制情形下研发项目流程与资源配置联合优化。资源通用是指在研发项目运行过程中,可用资源的总量是有限的,但这些资源可用于各个研发活动,可在研发活动之间进行自由分配。此时,需要合理确定研发项目流程和给各个研发活动分配的资源数量。团队限制是指在研发项目运行过程中,可用资源总量是有限的,可用资源是以团队(部门)形式存在的,各个研发活动由单独的团队(部门)承担,团队(部门)之间不能进行资源的调度。此时,需要合理确定研发项目流程,并把各个研发活动合理分配给各个团队。

第二节　资源通用情形下复杂产品研发流程与资源配置联合优化

资源通用情形下的复杂产品研发流程与资源配置联合优化问题是指复杂产品研发项目的可用资源是通用的,在各个研发活动之间可以任意调度和组织,通过调整研发活动的执行顺序进行研发项目流程优化,通过调整给各个研发活动分配的资源数量进行资源配置优化。根据问题的特征,采用 NSGA-Ⅲ进行复杂产品研发项目流程优化,采用粒子群优化算法(Particle Swarm Optimization,PSO)进行复杂产品研发项目资源配置优化。在此基础上,构建两阶段法对研发项目流程与资源配置进行联合优化。

前文已经对基于 NSGA-Ⅲ的研发项目流程优化算法进行了详细介绍,此处主要介绍基于 PSO 的研发项目资源配置优化算法、研发项目流程与资源配置联合优化算法的构建。

一、基于 PSO 的研发项目资源配置优化算法

(一)算法框架

PSO 算法主要是通过模仿鸟群的觅食行为对问题进行优化,每个成员在优化过程中不断地学习、调整,寻找最满意的方案。[191][192] 在 PSO 中,每个粒子表示一个可行解,粒子通过跟踪个体最优粒子 $pBest$ 和群体最优粒子 $gBest$ 更新其自身的位置,通过不断的迭代寻找满意

方案。

PSO 算法具有鲁棒性强、收敛速度快等优点,本节基于 PSO 进行研发项目的资源配置优化。按照各个研发活动分配的资源量对粒子的位置和速度进行编码,对各个粒子对应的研发项目资源配置方案进行仿真,以仿真输出的研发项目平均工期最短为优化目标,寻找满意的资源分配方案。[193][194] 基于 PSO 的复杂产品研发项目资源配置优化算法伪代码如图 10.1 所示。

输入:研发流程、各个研发活动的资源需求最大量、可用资源总量等
输出:最短研发工期、资源配置优化方案等
产生初始的粒子群
for $it = 1 : MaxIt$
    for $i = 1 : nPop$
        更新粒子速度,并限定速度的变化范围:
$$v_k(t+1) = round\left\{\omega \cdot v_k(t) + c_1 \cdot r_1 \cdot \left[pBest_k(t) - x_k(t)\right] + c_2 \cdot r_2 \cdot \left[gBest_k(t) - x_k(t)\right]\right\}$$
$$v_k(t+1) = \max\left[v_k(t+1), v\min\right]$$
$$v_k(t+1) = \min\left[v_k(t+1), v\max\right]$$
        更新粒子位置,并限定位置的变化范围:
$$x_k(t+1) = x_k(t) + v_k(t+1)$$
$$x_k(t+1) = \max\left[x_k(t+1), x\min\right]$$
$$x_k(t+1) = \min\left[x_k(t+1), x\max\right]$$
        评价各个粒子
        更新个体最优粒子
        更新群体最优粒子
    end for
end for

图 10.1　PSO 算法伪代码

(二)粒子编码

每个粒子位置表示一种复杂产品研发项目资源配置方案,粒子位置的各维表示给该研发活动分配的资源数量。每个粒子的速度表示对应资源配置方案的变化速度,粒子速度的各维表示给该研发活动分配的资源数量的变化速度。在资源配置优化过程中,粒子的位置、速度表达式分别为:

$$x_k = (x_{k1}, x_{k2}, \cdots, x_{kj}, \cdots, x_{kn}) \qquad (10.1)$$

$$v_k = (v_{k1}, v_{k2}, \cdots, v_{kj}, \cdots, v_{kn}) \qquad (10.2)$$

式中,k 为粒子编号,即资源配置方案编号;x_k 为粒子 k 的位置,即资源配置方案;j 为活动编号;x_{kj} 为粒子 k 中给活动 j 分配的资源数量;v_k 为粒子 k 的速度,即资源分配量变化速度;v_{kj} 为粒子 k 中给活动 j 分配资源数量的增减速度。

(三)适应度评价

由于难以直接进行数学建模求解研发项目的工期,基于 DSM 对各个粒子对应的资源配置方案下的研发项目进行仿真。本节假设给研发活动配置的资源数量对其完成所需的成本没有影响,在资源配置优化时,主要考虑资源配置方案对工期的影响,进行单目标优化。以仿真输出的平均工期对各个粒子对应的研发项目资源配置方案进行评价。

(四)粒子速度、位置的更新及修正

粒子速度表示在进化过程中给研发活动分配的资源数量的变化速度。由于给研发活动分配的资源数量要求为整数,需要对粒子速度的各维的值取整数。为防止给研发活动分配的资源数量变化过快,将粒子速度(资源分配数量变化速度)的各维取值限制在$[v\min_j, v\max_j]$范围之内。速度可以取正值,也可以取负值,因此,最小速度$v\min_j < 0$,最大速度$v\max_j > 0$。若粒子 k 第 j 维的速度小于$v\min_j$,则 $v_{kj}(t)$ 取$v\min_j$;若粒子 k 第 j 维的速度大于$v\max_j$,则 $v_{kj}(t)$ 取$v\max_j$。粒子 k 的速度更新公式为:

$$vNew = round\{\omega \cdot v_k(t) + c_1 \cdot r_1 \cdot [pBest_k(t) - x_k(t)]$$

$$+ c_2 \cdot r_2 \cdot [gBest_k(t) - x_k(t)]\} \qquad (10.3)$$

$$v_{kj}(t+1)=\begin{cases} v\min_j, & vNew_j \leqslant v\min_j \\ v\max_j, & vNew_j \geqslant v\max_j \\ vNew_j, & v\min_j < vNew_j < v\max_j \end{cases} \qquad (10.4)$$

式中，$v_{kj}(t+1)$为$t+1$次迭代时粒子k第j维的速度；$v_k(t)$为t次迭代时粒子k的速度；$x_k(t)$为t次迭代时粒子k的位置；ω为惯性权重；c_1、c_2分别为个体加速因子、群体加速因子；r_1和r_2为$(0,1)$区间上的随机数；$pBest_k(t)$为个体历史最优位置；$gBest_k(t)$为群体历史最优位置；round为四舍五入取整函数。

惯性权重表明能在多大程度上保留粒子原来的速度。在研发项目资源配置优化算法迭代的过程中，为保证在算法初期具有较强的全局搜索能力并在算法后期具有较强的局部搜索能力，令惯性权重值ω随着迭代代数的增加而降低。设定ω随着迭代代数的增加而线性降低，其表达式为：

$$\omega_{t+1}=\omega damp \cdot \omega_t \qquad (10.5)$$

式中，ω_t和ω_{t+1}分别为第t次、$t+1$次迭代时的惯性权重；$\omega damp$为惯性权重的阻尼率。

在计算粒子的位置时，由于给每个研发活动分配的资源数量有一定的数量限制，将粒子的每一维位置（给各个研发活动分配的资源数量）限制在$[x\min_j, x\max_j]$范围之间。若粒子k第j维的资源分配数量小于其最小资源分配数量$x\min_j$，则$x_{kj}(t)$取$x\min_j$；若粒子k第j维的资源分配数量大于其最大资源分配数量$x\max_j$，则$x_{kj}(t)$取$x\max_j$。粒子k的位置更新公式为：

$$xNew=x_k(t)+v_k(t+1) \qquad (10.6)$$

$$x_{kj}(t+1)=\begin{cases} x\min_j, & xNew_j \leqslant x\min_j \\ x\max_j, & xNew_j \geqslant x\max_j \\ xNew_j, & x\min_j < xNew_j < x\max_j \end{cases} \qquad (10.7)$$

式中，$x_{kj}(t+1)$为$t+1$次迭代时粒子k第j维的位置。

二、资源通用情形下研发项目流程与资源配置联合优化算法

研发项目优化主要包括流程优化和资源配置优化。流程优化主要是通过调整各个研发活动的顺序而优化研发项目的运行效果;资源配置优化主要是通过合理调整分配给各个研发活动的资源数量而优化研发项目的运行效果。在研发项目运行过程中,研发项目流程与资源配置会相互影响,需要对研发项目流程和资源配置进行联合优化。

在算法运行过程中,需要对研发项目不断地进行仿真,基于仿真对研发项目的运行效果进行评价,为了得到较稳定的研发项目仿真输出,需对每种研发项目方案进行多次仿真。因此,优化算法的运行时间主要是研发项目仿真时间。假设研发项目仿真每次运行时间为 t,每种研发项目方案需运行仿真 m 次可获得稳定输出,NSGA-Ⅲ 的迭代代数为 it_1、种群规模为 $npop_1$,PSO 算法的迭代代数为 it_2、种群规模为 $npop_2$。如果只进行研发项目流程优化,只需要运行 NSGA-Ⅲ,其运行时间约为 $it_1 \cdot npop_1 \cdot m \cdot t$;而进行研发项目流程与资源配置联合优化,需要在 NSGA-Ⅲ 中嵌套 PSO 算法,其运行所需时间约为 $it_1 \cdot npop_1 \cdot it_2 \cdot npop_2 \cdot m \cdot t$。可见,联合优化算法的时间复杂度要远大于研发项目流程优化算法的时间复杂度,因此,为了减少优化算法的运行时间,在算法设计时,要尽可能减少研发项目流程与资源配置联合优化的迭代代数和种群个数。

一般来说,对不理想的研发项目流程进行资源配置优化,难以得到满意的研发项目方案。也就是说,在没有获得较优的研发项目流程之前进行资源配置优化,一般不能得到满意的研发项目方案。因此,在设计研发项目流程与资源配置联合优化算法时,整个优化过程可分成两个阶段,其流程如图 10.2 所示。

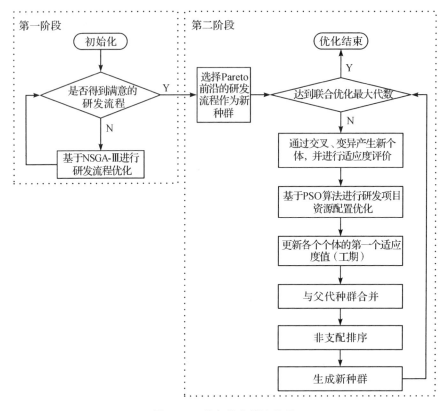

图 10.2　联合优化算法流程

第一阶段：研发项目流程优化。令给每个研发活动分配的资源数量均为其最大资源需求量，以工期最短、成本最小为目标函数，以研发项目仿真输出的工期、成本作为各个研发项目流程的适应度评价指标，基于 NSGA-Ⅲ 对研发项目流程进行优化，获得满意的研发项目流程。

第二阶段：研发项目流程与资源配置的联合优化。把 PSO 算法嵌套在 NSGA-Ⅲ 中，基于 NSGA-Ⅲ 进行研发项目流程优化，基于 PSO 算法进行资源配置优化。以研发项目流程优化得到的 Pareto 前沿解集作为其初始解集。每次迭代过程中，首先基于 NSGA-Ⅲ 优化研发项目流程，再基于 PSO 算法优化资源配置方案。更新各个研发项目流程的适应度评价指标中的工期，选择流程及其资源配置都较优的方案进入子代,不断迭代直到获得满意的研发项目流程及其资源配置方案。

三、算例研究

(一)算例介绍

在某产品研制任务中,"资源需求最大量"为研发活动的资源需求的最大数量,如果给该研发活动分配的资源数量大于该值,该研发活动的工期不再缩短。"资源需求最小量"为"资源需求最大量"的 60%,如果给研发活动分配的资源量小于其"资源需求最小量",则研发活动不能执行。各个研发活动资源需求量如表 10.1 所示。"最短工期"为给研发活动分配的资源量为"资源需求最大量"时所对应的工期。根据给各个研发活动实际分配的资源数量,可采用公式 9.1 计算研发活动工期,其中调整系数 α 取 0.8。

表 10.1　各个研发活动的资源需求量

研发活动	资源需求最大量	资源需求最小量	研发活动	资源需求最大量	资源需求最小量
T_1	400	240	T_8	300	180
T_2	600	360	T_9	500	300
T_3	600	360	T_{10}	400	240
T_4	400	240	T_{11}	500	300
T_5	600	360	T_{12}	400	240
T_6	500	300	T_{13}	600	360
T_7	500	300	T_{14}	500	300

(二)算法参数设置

在算法运行过程中,为了得到较稳定的仿真输出,对每个个体仿真 300 次,取其平均工期、成本作为该个体的适应度评价指标。

第一阶段，只进行研制任务流程优化，此时，NSGA-Ⅲ的参数设置为：迭代代数为 200 代；种群规模为 40；交叉概率为 0.8；变异概率为 0.2。

第二阶段，进行研制任务流程与资源配置的联合优化，其迭代代数为 20 次。在联合优化运行过程中，取第一阶段优化结果中的 Pareto 前沿作为第二阶段的初始种群。NSGA-Ⅲ的参数设置与第一阶段相同。PSO 算法的参数设置为：迭代代数为 30 次；种群规模为 20；初始惯性权重为 0.5；惯性权重阻尼率为 0.95；个体加速因子为 0.8；群体加速因子为 1.5。

(三)不同资源总量限制下的研制任务流程优化

研制任务的工期会受到资源总量的影响而变化。为了分析资源总量对研制任务流程优化的影响，假设给各个研发活动分配的资源量均为其资源需求最大量，分别在不同的资源总量下对研制任务进行流程优化。通过运行 NSGA-Ⅲ得到 Pareto 最优解集，选取 Pareto 最优解集与凸集的交集作为优化结果。根据优化结果画出平均工期、成本的散点图如图 10.3 所示。

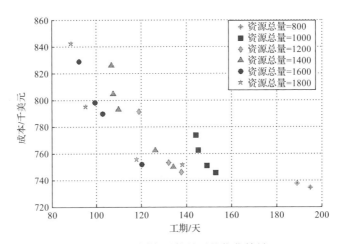

图 10.3　不同资源数量下的优化结果

　　根据图 10.3 可知,不同的资源总量下,优化得到的研制任务流程不同。可用资源总量越大,资源冲突程度越低,可以允许有更多的研发活动并行、重叠执行,整个研制任务的工期也就越短。但研发活动并行、重叠执行的增多,会增加研发活动的返工迭代,从而会增加整个研制任务的成本。当整个研制任务的资源总量较少时,资源约束对优化结果的影响较大;随着资源总量的增多,资源约束对优化结果的影响越来越小。当资源量增加到一定程度,研制任务执行过程中不再出现资源冲突,该问题转化为无资源约束的研制任务流程优化问题,此时不需要进行资源配置优化。因此,资源总量越少,越有必要进行研制任务流程与资源配置的联合优化。

(四)联合优化结果

　　首先,通过运行联合优化算法,得到较为满意的 Pareto 前沿。其次,对每个 Pareto 最优解对应的研制任务分别仿真 5000 次,得到更稳定的仿真输出的平均工期、成本。把仿真 5000 次得到的 Pareto 最优解集与凸集的交集作为优化方案集合,所得到的优化结果如图 10.4 所示。所得到的优化结果对应的研制任务流程、资源配置、工期和成本如表 10.2 所示。

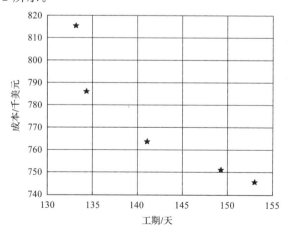

图 10.4　资源通用情形下的精选优化方案

表 10.2　资源通用情形下的精选优化方案研制流程、资源配置、工期和成本

任务流程	资源配置	工期/天	成本/千美元
1,9,3,10,7,6,8,11,12,5,13,2,4,14	400,500,600,400,500,500,300,500,400,600,600,600,400,500	149.33	751.04
1,4,3,6,8,10,2,11,12,7,5,9,13,14	400,400,600,500,300,400,600,500,400,500,600,500,600,500	153.05	745.69
1,7,6,3,10,5,8,11,12,4,2,9,13,14	400,437,457,387,256,485,290,456,386,336,360,457,541,500	141.08	763.54
1,13,12,6,8,10,2,11,3,7,5,9,4,14	400,562,240,375,298,398,360,424,360,301,530,412,377,500	133.22	815.14
1,7,6,8,12,10,2,11,5,4,3,9,13,14	400,300,417,253,336,285,365,392,600,240,360,362,600,500	134.34	785.93

从研制任务流程与资源配置联合优化结果中任选一个方案,其研制任务流程为[1,7,6,8,12,10,2,11,5,4,3,9,13,14],资源配置方案为[400,300,417,253,336,285,365,392,600,240,360,362,600,500]。从优化前的研制任务流程方案中任选一个研制任务流程,各个研发活动分配的资源量均为该研发活动的最大资源量,作为优化前方案。分别对优化前方案和优化后方案仿真 5000 次,其研制任务工期、成本散点图如图 10.5 所示。

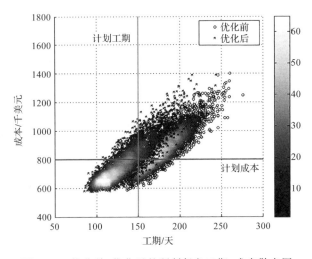

图 10.5　优化前、优化后的研制任务工期、成本散点图

　　假设复杂产品研发项目的计划工期和计划成本分别为 150 天、800 千美元。优化前,研制任务的实际工期未超过计划工期、实际成本未超过计划成本的概率分别为 7.5%、31.2%,研制任务的实际工期和实际成本均在计划要求范围内的概率仅为 7.1%;优化后,研制任务的实际工期未超过计划工期、实际成本未超过计划成本的概率分别为 74.0%、60.5%,研制任务的实际工期和实际成本均在计划要求范围内的概率为 58.8%。可见,通过研制任务流程与资源配置优化,完成研制任务所需的工期和成本均有较大程度的减小,从而能够更好地按照计划工期和计划成本的要求完成研制任务。

　　为了进一步验证研制任务流程与资源配置联合优化方法的优化效果,在资源总量为 1000 的条件下,把联合优化得到的优化结果与只进行流程优化得到的优化结果进行对比,如图 10.6 所示。一般来说,在同样的条件下,研制任务工期越短,并行执行研发活动的个数越多,资源冲突程度也就越高,进行联合优化相对于只进行流程优化的优化效果越明显。而研制任务工期越长,并行执行研发活动的个数少,资源冲突程度也就越低,进行联合优化相对于只进行流程优化的优化

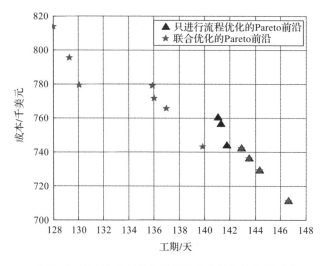

图 10.6　联合优化与只进行流程优化的优化结果对比

效果越不明显。在联合优化的第二阶段,进行资源配置优化时只考虑了资源分配量对研发活动工期的影响,没有考虑资源分配量对研发活动成本的影响,因此,与只进行流程优化所得到的 Pareto 最优解集比较,通过联合优化所得到的 Pareto 最优解集的工期更短,但优化结果中研制任务成本没有得到有效降低。

第三节　团队限制情形下复杂产品研发流程与资源配置联合优化

当研发项目的可用资源是以团队形式存在,且某个团队的资源只能在该团队内部使用,同时研发活动由某个团队完成,此时的研发项目流程与资源配置联合优化为团队限制情形下的联合优化问题。此优化问题包括两个方面:研发项目流程的优化、研发活动承担团队的合理分配。根据问题的特征,基于 NSGA-Ⅲ 进行团队限制情形下的研发项目流程与资源配置联合优化。

一、团队限制情形下研发项目仿真模型

团队限制情形下的研发项目仿真模型与资源通用情形下的研发项目仿真模型的框架和步骤基本相似,但在团队限制情形下,资源是以团队的形式存在的,仿真模型需要进行一定的调整。

在研发项目运行过程中,各个研发活动的承担者不是一定数量的资源,而是某个团队,研发活动由不同的团队完成,所需的时间不同。某个研发活动只能而且必须分配给某一个团队,假设把某个研发活动分配给某个团队之后,该研发活动的初次完工以及返工均只能由该团队完成。一个团队可以承担多项研发活动,但是同一时刻只能执行一

项研发活动。因此,在判断等待列表(WL)中某个研发活动是否可以执行时,需要判断承担该研发活动的团队的状态,只有当承担该研发活动的团队处于空闲状态时,该团队才能够开始执行该研发活动,并且该团队变为被占用状态。当该研发活动完工的时候,释放所占用团队,该团队变为空闲状态。

当在 WL 中有多个研发活动需要某团队执行时,需要对这多个研发活动进行优先级排序。在进行优先级排序时,主要考虑研发活动的紧后研发活动数量,可能引发返工研发活动的数量、工期,是否属于返工等因素。研发活动 j 的优先级值为:

$$P_j = \begin{cases} L_1\left(\omega_1 \mid N_j \mid + \omega_2 \dfrac{D_j}{\max\{D_1, D_2, \cdots, D_n\}}\right) & \text{研发活动 } j \text{ 首次执行} \\ L_2\left(\omega_1 \mid N_j \mid + \omega_2 \dfrac{D_j}{\max\{D_1, D_2, \cdots, D_n\}}\right) & \text{研发活动 } j \text{ 返工执行} \end{cases} \tag{10.8}$$

式中,j 为研发活动的编号;p_j 为研发活动 j 的优先级值;ω_1,ω_2 分别为影响因素的权重,且 $0 < \omega_1 < 1$,$0 < \omega_2 < 1$,$\omega_1 + \omega_2 = 1$;$\mid n_j \mid$ 为研发活动 j 的紧后研发活动数与可能引发的返工研发活动数之和;l_1、l_2 分别为研发活动首次执行、返工的优先级因子。

二、团队限制情形下研发项目流程与资源配置联合优化算法

基于 NSGA-Ⅲ 构建团队限制情形下的研发项目流程与资源配置联合优化,NSGA-Ⅲ 的基本思想、算法框架、算法实现的关键技术等内容在前文中已经做了介绍。此处主要介绍编码规则、初始种群的产生、交叉与变异操作等算法实现的关键技术。

(一)编码规则

染色体编码包括两部分:研发活动序列和承担团队方案,如图 10.7所示。

197

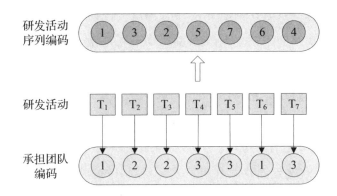

图 10.7　研发活动序列编码及承担团队编码

研发活动序列对应的染色体编码由 DSM 中自上而下的研发活动编号构成,在前一章已经详细介绍。承担团队编码由承担各个研发活动的团队编号组成,按照对应研发活动编号自小到大的顺序进行排列。例如,研发活动 T_1 由团队 1 承担,研发活动 T_3 由团队 2 承担,研发活动 T_7 由团队 3 承担。

(二)初始种群的产生

假设复杂产品研发项目共包括 n 个研发活动,m 个团队,初始种群规模为 N。在初始种群的产生过程中,首先,生成 $[1, n]$ 之间的随机序列,每个数字表示一个研发活动编号,该序列表示复杂产品研发项目流程方案;其次,生成长度为 n 的 $[1, m]$ 之间随机整数组成的序列,每个数字表示研发活动的承担团队编号,该序列表示复杂产品研发项目团队分配方案。每重复一次,则可以产生一个染色体,直到初始种群规模达到 N 为止。

(三)交叉与变异操作

在基于 NSGA-Ⅲ的复杂产品研发项目流程与资源配置优化算法运行过程中,通过交叉和变异,改变染色体上的基因顺序,形成新的染色体编码,从而形成新的复杂产品研发项目流程和团队分配方案。在第 t 次迭代时,分别从父代种群 p_t 中选取一定比例的个体进行交叉和变异操作。

在染色体交叉操作过程中,采用研发活动序列部分的染色体、承担团队部分的染色体分别进行交叉的方式。首先,在父代种群中随机选择两个个体,作为父代染色体进行研发活动序列部分的染色体交叉操作,承担团队部分不变(承担各个研发活动的团队不变),得到两个新染色体。研发活动序列部分的染色体交叉操作过程如图 10.8 所示。

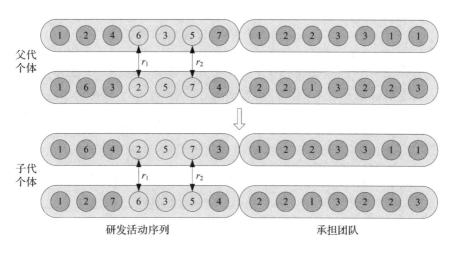

图 10.8　研发活动序列部分的染色体交叉示意

研发活动序列部分的染色体交叉操作的具体方法在第五章已做详细介绍,此处不再进行详细介绍。然后,重新在父代种群中随机选择两个个体,作为父代染色体进行承担团队部分的染色体交叉操作,研发活动序列部分的染色体不变。承担团队方案对应的染色体部分的交叉操作方法为:在 $[1,n]$ 范围内随机生成两个正整数 r_1、r_2,由 r_1、r_2 确定父代染色体上的两个基因位置,两个位置之间的基因为交叉基因段,交换两个父代染色体的交叉基因段,得到两个新染色体。承担团队部分的染色体交叉操作过程如图 10.9 所示。

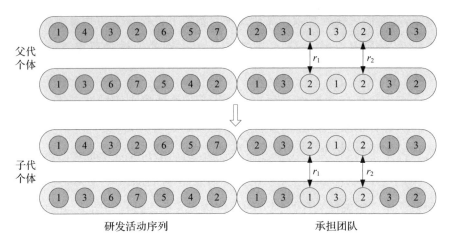

图 10.9　承担团队部分染色体交叉示意

在进行变异操作过程中,采用研发活动序列部分的染色体、承担团队部分的染色体分别进行变异的方式。首先,在父代种群中随机选择一个个体,进行研发活动序列部分的染色体变异操作,承担团队部分的染色体不变,得到一个新染色体。研发活动序列部分的染色体变异操作的具体方法在第五章已做详细介绍,此处不再进行详细介绍。其次,重新在父代种群中随机选择一个个体,进行承担团队部分的染色体变异操作,研发活动序列部分的染色体不变。承担团队方案对应染色体部分的变异操作方法为:在 $[1,n]$ 范围内随机生成一个正整数 r_1,由 r_1 确定父代染色体上的一个基因位置,把该基因位置的承担团队编号变为随机的非原来团队编号。承担团队部分的染色体变异操作过程如图 10.10 所示。

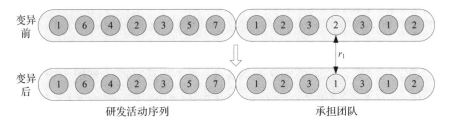

图 10.10　承担团队部分染色体变异示意

通过分别进行研发活动序列部分的染色体交叉和变异操作、承担团队部分的染色体交叉和变异操作，可以产生一个个体数量为 $2N$ 的子代种群 Q_t，把父代种群 p_t 和子代种群 Q_t 进行合并，可以得到个体数量为 $3N$ 的种群 R_t。在此基础上，通过非支配排序和选择操作，从种群 R_t 中选择 N 个个体作为下一代的父代种群 P_{t+1}，进行下一代进化迭代操作。

三、算例研究

（一）算例介绍

本算例中，假设整个研制任务的隐含返工概率上限为 0.03、隐含返工影响程度上限为 0.10。复杂产品研发项目的各个研发活动由团队 A、团队 B、团队 C 三个团队中的某一个团队完成。由于各个团队的规模、人员构成等因素不同，各个团队完成某个研发活动所需的时间也不相同，假设各个团队完成某项研发活动所需的时间分布为三角分布，采用 $Tria(D_o, D_m, D_p)$ 描述各研发活动工期的分布，其中 D_o 为最乐观工期，D_m 为最可能工期，D_p 为最悲观工期。各个团队完成各个研发活动所需的时间分布如表 10.3 所示。综合考虑研制任务执行过程中的各种不确定性因素，合理确定复杂产品研发项目流程和各个研发活动的承担团队，使得研制任务的工期最短、成本最小。

表 10.3　团队完成研发活动所需的时间

研发活动	团队 A 所需工期/天			团队 B 所需工期/天			团队 C 所需工期/天		
	D_{1o}	D_{1m}	D_{1p}	D_{2o}	D_{2m}	D_{2p}	D_{3o}	D_{3m}	D_{3p}
T_1	2.39	2.52	3.78	1.90	2.00	3.00	1.90	2.00	3.00
T_2	8.27	8.71	15.23	6.57	6.92	12.10	4.75	5.00	8.75
T_3	4.63	4.88	7.31	3.68	3.87	5.81	2.66	2.80	4.20
T_4	11.33	12.59	15.73	9.00	10.00	12.50	9.00	10.00	12.50
T_5	24.90	26.12	45.79	19.78	20.75	36.38	14.30	15.00	26.30
T_6	13.54	15.05	16.55	10.76	11.95	13.15	9.00	10.00	11.00

续表

研发活动	团队 A 所需工期/天			团队 B 所需工期/天			团队 C 所需工期/天		
	D_{1o}	D_{1m}	D_{1p}	D_{2o}	D_{2m}	D_{2p}	D_{3o}	D_{3m}	D_{3p}
T_7	10.83	12.04	15.05	8.61	9.56	11.95	7.20	8.00	10.00
T_8	4.75	5.00	8.75	4.75	5.00	8.75	4.75	5.00	8.75
T_9	27.09	30.10	33.11	21.52	23.91	26.30	18.00	20.00	22.00
T_{10}	11.96	12.59	22.03	9.50	10.00	17.50	9.50	10.00	17.50
T_{11}	21.52	22.57	39.58	17.09	17.93	31.44	14.30	15.00	26.30
T_{12}	16.99	18.88	23.67	13.50	15.00	18.80	13.50	15.00	18.80
T_{13}	52.23	56.59	62.68	41.49	44.95	49.79	30.00	32.50	36.00
T_{14}	6.77	7.52	9.41	5.38	5.98	7.47	4.50	5.00	6.25

(二)算法参数设置

团队限制情形下复杂产品研发流程与资源配置联合优化算法的参数设置为:每个个体的仿真次数为 300 次;种群规模为 40;交叉概率为 0.8;变异概率为 0.2;迭代代数根据 Pareto 前沿变化情况和 Hypervolume 指标进行确定。

每次进行交叉和变异操作时,首先随机选择两个父代个体进行研发活动序列部分的染色体交叉和变异操作,其次随机选择两个父代个体进行承担团队部分的染色体交叉和变异操作。通过运行 NSGA-Ⅲ 得到 Pareto 最优解集。在此基础上,把每个 Pareto 最优解对应的研制任务流程的仿真次数增加到 5000 次。根据每种研制任务流程仿真输出的平均工期、成本,构造目标函数坐标系上的点坐标,重新计算这些坐标点集合的 Pareto 前沿,选取新的 Pareto 最优解集与凸集的交集作为优化方案。

(三)优化结果分析

通过 Hypervolume 值和算法进化过程中的 Pareto 前沿比较表明,当算法运行 400 次时,Hypervolume 指标已经趋于平稳,Pareto 前沿不再发生明显变化。表明算法运行 400 次时可以获得满意的

Pareto 最优解集，此时各个 Pareto 最优解对应的研制任务工期、成本如图 10.11 所示。

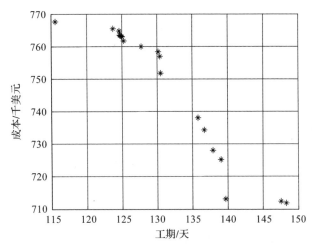

图 10.11　团队限制情形下运行 400 次的优化结果

　　对每个 Pareto 最优解对应的研制任务分别仿真 5000 次，得到更稳定的仿真输出的平均工期、成本。把 Pareto 最优解集与凸集的交集作为优化方案集合，可得到四个满意解，其结果如图 10.12 所示。满意解所对应的研制任务流程、各个研发活动的承担团队、研制任务工期和成本等数据如表 10.4 所示。

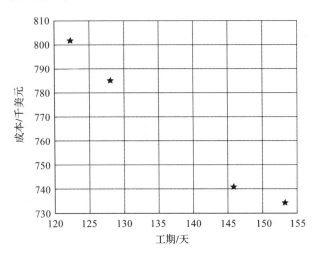

图 10.12　团队限制情形下的精选优化方案

表 10.4　精选优化方案的研发流程、承担团队、工期和成本

研发流程	承担团队	工期/天	成本/千美元
1,3,6,7,10,8,2,5,11,9, 4,13,12,14	3,1,3,3,2,2,2,3,2,1,1, 3,2,3	122.40	801.64
1,6,3,8,10,7,2,5,11,9, 4,13,12,14	3,3,1,2,1,3,2,3,2,2,1, 3,3,3	128.14	784.97
1,6,3,8,10,7,2,5,11,9, 12,4,13,14	3,3,1,3,1,3,2,3,3,2,3, 1,3,3	153.38	734.20
1,6,8,3,10,7,5,2,11, 12,9,13,4,14	3,3,2,1,1,3,3,2,3,3,2, 3,1,3	145.93	740.89

　　从团队限制情形下的研制任务与资源配置联合优化结果中任选一个方案,其研制任务流程为[1,6,3,8,10,7,2,5,11,9,4,13,12,14],研发活动 1 至 14 的承担团队分别为[3,3,1,2,1,3,2,3,2,2,1,3,3,3]。随机选择一个方案,其研制任务流程为[1,3,2,6,5,13,9,10,4,7,8,12,11,14],研发活动 1 至 14 的承担团队分别为[2,1,1,2,1,1,2,2,3,1,1,3,3,3],该方案作为优化前方案。分别对优化前方案和优化后方案仿真 5000 次,其研制任务工期、成本散点图如图 10.13 所示。

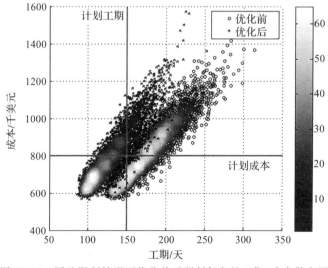

图 10.13　团队限制情形下优化前后研制任务的工期、成本散点图

假设复杂产品研制任务的计划工期为 150.0 天,计划成本为 800.0 千美元,优化前,研制任务实际工期未超过计划工期、实际成本未超过计划成本的概率分别为 19.7%、45.7%,研制任务实际工期和实际成本均按照计划要求完成的概率仅为 19.6%;优化后,研制任务实际工期未超过计划工期、实际成本未超过计划成本的概率分别为 79.5%、60.6%,研制任务实际工期和实际成本均按照计划要求完成的概率为 59.8%。可见,通过团队限制情形下的研制任务与资源配置联合优化,可以在较大程度上缩短研制任务工期、降低研制任务成本,从而能够更好地按照计划要求完成复杂产品研发项目。

第四节　本章小结

当前文献在进行研发项目流程优化时,一般假定各个研发活动所需资源是固定的,只考虑了资源总量约束对研发项目流程的影响,没有具体分析各个研发活动资源分配量变化对研发项目运行效果的影响。本章在综合考虑复杂产品研发项目的各种不确定性因素的基础上,考虑资源数量对研发活动工期的影响,基于 DSM 建立仿真模型,用以估算研发项目的工期、成本等参数,以仿真输出的工期、成本评价研发项目的运行效果。根据资源是否具有团队限制,把研究问题分为两种情况:资源通用情形下复杂产品研发流程与资源配置联合优化、团队限制情形下复杂产品研发流程与资源配置联合优化,分别构建优化算法。

本章在研发活动工期与成本不确定的条件下,考虑研发活动返工迭代、重叠执行等多种不确定因素,以工期最短、成本最小为优化目标,以研发项目仿真输出的平均工期、平均成本作为多目标进化算法的适应度评价指标,对复杂产品研发项目运行过程进行优化。

在进行资源通用情形下的研发项目流程与资源配置联合优化时，把整个研发项目联合优化过程分为两个阶段：基于 NSGA-Ⅲ 对研发项目流程进行优化；在 NSGA-Ⅲ 中嵌套 PSO 算法进行研发项目流程与资源配置的联合优化。通过比较表明，研发项目流程与资源配置联合优化的结果明显优于只进行研发项目流程优化的结果。

在进行团队限制情形下研发项目流程与资源配置联合优化时，基于 NSGA-Ⅲ 对研发项目流程及其承担团队同时进行优化，不但合理确定了研发项目的流程，而且为各个研发活动合理分配承担团队，使得整个研发项目的工期最短、成本最小。

参考文献

［1］王卓甫，丁继勇，刘媛，等.基于 Monte Carlo 方法的 PERT 网络关键路线和最关键活动分析［J］.系统工程与电子技术，2012，34(8)：1646-1651.

［2］Nelson R G，Azaron A，Aref S．The use of a GERT based method to model concurrent product development processes ［J］．European Journal of Operational Research，2016，250(2)：566-578.

［3］Hahn E D．Mixture densities for project management activity times：A robust approach to PERT ［J］．European Journal of Operational Research，2008，188(2)：450-459.

［4］Castro J，Gómez D，Tejada J．A rule for slack allocation proportional to the duration in a PERT network ［J］．European journal of operational research，2008，187(2)：556-570.

［5］唐建，严骏，袁建虎，等.基于正/逆向网络 SimEvents 仿真的 PERT 网络分析［J］.系统仿真学报，2014，26(4)：903-909.

［6］Pritsker A A B．GERT：Graphical evaluation and review technique ［J］．Journal of Industrial Engineering，1966，17(5)：267-274.

［7］Pritsker A A B．GERT：Graphical evaluation and review technique ［J］．Journal of Industrial Engineering，1966，17(5)：293-301.

［8］陶良彦.分层管控架构下复杂装备研制项目进度计划模型研究［D］.南京：南京航空航天大学，2017.

［9］Tao L Y，Wu D S，Liu S F，et al．Schedule risk analysis for new-product development：The GERT method extended by a characteristic function［J］．Reliability Engineering & System Safety，2017（167）：464-473．

［10］Kurihara K，Nishiuchi N．Efficient Monte Carlo simulation method of GERT-type network for project management［J］．Computers & Industrial Engineering，2002，42(2-4)：521-531．

［11］Hayashi A，Kosugi T，Yoshida H．Evaluation of polymer electrolyte fuel cell application technology R&Ds by GERT analysis［J］．International Journal of Hydrogen Energy，2005，30（9）：931-941．

［12］刘红旗，方志耕，陶良彦．复杂装备研制项目进度规划 GERT 网络"反问题"模型［J］．系统工程与电子技术，2015，37(12)：2758-2763．

［13］陶良彦，刘思峰，方志耕，等．基于多层次 GERT 的复杂产品研制进度规划"超冲突均衡"博弈模型［J］．控制与决策，2014，29（11）：2002-2010．

［14］Wu Y，Pan X，Kang R，et al．Multi-parameters uncertainty analysis of logistic support process based on GERT［J］．Journal of Systems Engineering and Electronics，2014，25(6)：1011-1019．

［15］Browning T R．Design structure matrix extensions and innovations：A survey and new opportunities［J］．IEEE Transactions on Engineering Management，2016，63(1)：27-52．

［16］Yang Q，Yang N，Browning T R，et al．Clustering product development project organization from the perspective of social network analysis［J］．IEEE Transactions on Engineering

Management，2022，69(6)：2482-2496.

[17] Danilovic M，Browning T R. Managing complex product development projects with design structure matrices and domain mapping matrices [J]. International Journal of Project Management，2007，25(3)：300-314.

[18] Wynn D C，Eckert C M. Perspectives on iteration in design and development ［J］. Research in Engineering Design，2017，28(2)：153-184.

[19] León H C M，Farris J A，Letens G. Improving product development performance through iteration front-loading [J]. IEEE Transactions on Engineering Management，2013，60(3)：552-565.

[20] Nasr W，Yassine A，Kasm O A. An analytical approach to estimate the expected duration and variance for iterative product development projects [J]. Research in Engineering Design，2016，27(1)：55-71.

[21] 柴国荣，杜志坤，廖颖. 含有迭代的复杂项目工期与工时计算 [J]. 管理工程学报，2014，28(1)：166-170.

[22] Qian Y J, Lin J. Organizing interrelated activities in complex product development [J]. IEEE Transactions on Engineering Management，2014，61(2)：298-309.

[23] Srour I M，Abdul‐Malak M A U，Yassine A A，et al. A methodology for scheduling overlapped design activities based on dependency information ［J］. Automation in Construction，2013，29(2)：1-11.

[24] Dehghan R，Hazini K，Ruwanpura J. Optimization of overlapping activities in the design phase of construction projects ［J］. Automation in Construction，2015(59)：81-95.

[25] Lin J，Qian Y J，Cui W T，et al. Overlapping and communication policies in product development［J］. European Journal of Operational Research，2010，201(3)：737-750.

[26] Hossain M A，Chua D K H. Overlapping design and construction activities and an optimization approach to minimize rework［J］. International Journal of Project Management，2014，32(6)：983-994.

[27] 杨青，郑璐，邹星琪. 基于风险传播网络和 K-shell 方法的复杂研发项目风险评价[J].管理评论：2021,33(9)：119-127.

[28] 杨青，郑璐，索尼亚. 研发项目中"团队—产品—功能"多领域集成与组织聚类研究[J]. 系统工程理论与实践，2018，38(6)：1557-1565.

[29] Wilschut T，Etman L F P，Rooda J E，et al. Generation of a function-component-parameter multi-domain matrix from structured textual function specifications［J］. Research in Engineering Design，2018(29)：531-546.

[30] Cho S H，Eppinger S D. A simulation-based process model for managing complex design projects［J］. IEEE Transactions on Engineering Management，2005，52(3)：316-328.

[31] Karniel A，Reich Y. Multi-level modelling and simulation of new product development processes［J］. Journal of Engineering Design，2013，24(3)：185-210.

[32] Maier J F，Wynn D C，Biedermann W，et al. Simulating progressive iteration，rework and change propagation to prioritise design tasks［J］. Research in Engineering Design，2014，25(4)：283-307.

[33] 杨青，单晨，唐尔玲.基于返工风险传播和预处理的研发项目流程 DSM 优化[J]. 系统工程理论与实践，2015，35(6)：1501-1508.

[34] 李芮萌，杨乃定，刘慧，等. 考虑组织失效与协调的复杂产品研发项目设计变更风险传播模型[J]. 中国管理科学，2022，30 (10)：265-276.

[35] Li Y F，Tao F，Cheng Y，et al. Complex networks in advanced manufacturing systems [J]. Journal of Manufacturing Systems，2017(43)：409-421.

[36] 任晓龙，吕琳媛. 网络重要节点排序方法综述[J]. 科学通报，2014，59(13)：1175-1197.

[37] Gao G B，Yue W H，Ou W C，et al. A vulnerability evaluating method applied to manufacturing systems [J]. Reliability Engineering & System Safety，2018(180)：255-265.

[38] 吴家贝，常建娥，张峰. 基于病毒传播模型的制造系统关键资源识别指标评价[J]. 计算机集成制造系统，2020，26(11)：2955-2964.

[39] Sara A，Hassan B. Identification of influential spreaders in complex networks using HybridRank algorithm [J]. Scientific Reports，2018，8(1)：11932.

[40] Wang J，Li C，Xia C. Improved centrality indicators to characterize the nodal spreading capability in complex networks [J]. Applied Mathematics and Computation，2018(334)：388-400.

[41] 刘娜，沈江，于鲲鹏，等. 基于改进节点收缩法的加权供应链网络节点重要度评估[J]. 天津大学学报(自然科学与工程技术版)，2018，51(10)：64-72.

[42] 张旭，袁旭梅，袁继革. 基于加权改进节点收缩法的供应链网络节点重要度评估[J]. 计算机应用研究，2017，34(12)：287-291.

[43] Becker T，Wagner D. Identification of key machines in complex production networks [J]. Procedia CIRP，2016(41)：69-74.

[44] 董晨阳，郑小云，余建波. 基于过程挖掘与复杂网络集成的制造过程资源建模与关键加工节点识别[J]. 机械工程学报，2019，55(3)：182-193.

[45] 李晓娟，袁逸萍，孙文磊，等. 基于网络结构特征的作业车间瓶颈识别方法 [J]. 计算机集成制造系统，2016，22(4)：1088-1096.

[46] 杨婧，陈英武. 项目网络拓扑结构与关键路径相关性仿真分析 [J]. 系统仿真学报，2011，23(12)：2721-2726.

[47] Fu L J, Jiang P Y, Cao W. Modeling and performance analysis of product development process network [J]. Journal of Network and Computer Applications，2013，36(6)：1489-1502.

[48] Li R M, Yang N D, Zhang Y L, et al. Risk propagation and mitigation of design change for complex product development（CPD）projects based on multilayer network theory [J]. Computers & Industrial Engineering，2020，142(4)：106370.

[49] Riesener M, Rebentisch E, Doelle C, et al. Methodology for the design of agile product development networks [J]. Procedia CIRP，2019(84)：1029-1034.

[50] 李洪波，徐哲. 考虑活动随机重叠和资源冲突的复杂产品开发流程仿真建模[J]. 系统工程与电子技术，2012，34(07)：1412-1418.

[51] Yan H S, Wang Z, Jiao X C. Modeling, scheduling and simulation of product development process by extended stochastic high-level evaluation Petri nets [J]. Robotics and Computer-Integrated Manufacturing，2003，19(4)：329-342.

[52] 张延禄，杨乃定. 基于组织—任务网络的研发项目工期风险分析——以组织失效为风险因素[J]. 中国管理科学，2015，23(2)：99-107.

［53］Yassine A A. Investigating product development process reliability and robustness using simulation ［J］. Journal of Engineering Design，2007，18(6)：545-561.

［54］张春生，严广乐. 基于活动重叠的 DSM 项目进度优化与仿真 ［J］. 运筹与管理，2013，22(3)：36-44.

［55］赵小华，杨育，刘爱军，等. 考虑能力演化的研发项目组合进度仿真模型[J]. 计算机集成制造系统，2012，18(11)：178-184.

［56］Bhuiyan N，Gerwin D，Thomson V. Simulation of the new product development process for performance improvement ［J］. Management Science，2004，50(12)：1690-1703.

［57］Yang Q，Lu T，Yao T，et al. The impact of uncertainty and ambiguity related to iteration and overlapping on schedule of product development projects ［J］. International Journal of Project Management，2014，32(5)：827-837.

［58］Lu Y B，Luo L，Wang H L，et al. Measurement model of project complexity for large - scale projects from task and organization perspective ［J］. International Journal of Project Management，2015，33(3)：610-622.

［59］Gao J，Bernard A. An overview of knowledge sharing in new product development ［J］. The International Journal of Advanced Manufacturing Technology，2018，94(5)：1545-1550.

［60］Tan L B，Tang D B，Chen W F. Dynamic model and simulation of open innovation in product development ［J］. International Journal of Computer Integrated Manufacturing，2019，32(3)：253-267.

［61］Ford D N，Sterman J D. Dynamic modeling of product development processes〔J〕. System Dynamics Review，1998，14(1)：31-68.

〔62〕Rahmandad H，Hu K. Modeling the rework cycle：capturing multiple defects per task〔J〕. System Dynamics Review，2010，26(4)：291-315.

〔63〕Huang H Z，Gu Y K. Modeling the product development process as a dynamic system with feedback〔M〕. Research and Practical Issues of Enterprise Information Systems. Springer US，2006.

〔64〕Lin J，Chai K H，Wong Y S，et al. A dynamic model for managing overlapped iterative product development〔J〕. European Journal of Operational Research，2008，185(1)：378-392.

〔65〕Reddi K R，Moon Y B. System dynamics modeling of engineering change management in a collaborative environment〔J〕. The InternationalJournal of Advanced Manufacturing Technology，2011，55(9)：1225-1239.

〔66〕Joglekar N R，Ford D N. Product development resource allocation with foresight〔J〕. European Journal of Operational Research，2005，160(1)：72-87.

〔67〕Parvan K，Rahmandad H，Haghani A. Inter-phase feedbacks in construction projects〔J〕. Journal of Operations Management，2015(39)：48-62.

〔68〕Shi Q，Blomquist T. A new approach for project scheduling using fuzzy dependency structure matrix〔J〕. International Journal of Project Management，2012，30(4)：503-510.

〔69〕张西林，谭跃进，杨志伟. 多重不确定因素影响的高端装备研制任务仿真建模〔J〕.系统工程与电子技术，2018，40(6)：1265-1273.

〔70〕Zhang X L，Tan Y J，Yang Z W. Rework quantification and

influence of rework on duration and cost of equipment development task [J]. Sustainability, 2018, 10(10): 3590(1-16).

[71] McGee S, Greer D. Towards an understanding of the causes and effects of software requirements change: Two case studies [J]. Requirements Engineering, 2012, 17(2):133-155.

[72] Dou R L, Li W, Nan G F. An integrated approach for dynamic customer requirement identification for product development [J]. Enterprise Information Systems, 2019, 13(4): 448-466.

[73] Clarkson P J, Simons C, Eckert C. Predicting change propagation in complex design [J]. Journal of Mechanical Design, 2004, 126(5): 788-797.

[74] Giffin M, De Weck O, Bounova G, et al. Change propagation analysis in complex technical systems [J]. Journal of Mechanical Design, 2009, 131(8):1-14.

[75] Eckert C, Claudia P J, Zanker W. Change and customisation in complex engineering domains [J]. Research in Engineering Design, 2004, 15 (1): 1-21.

[76] Shafiq M, Zhang Q, Akbar M A, et al. Effect of project management in requirements engineering and requirements change management processes for global software development [J]. IEEE Access, 2018(6): 25747-25763.

[77] Akbar M A, Shafiq M. Organization type and size based identification of requirements change management challenges in global software development [J]. IEEE Access, 2020(8): 94089-94111.

[78] Ullah I, Tang D, Wang Q, et al. Least risky change propagation path analysis in product design process [J].

Systems Engineering，2017，20(4)：379-391.

[79] Rebentisch E，Schuh G，Riesener M，et al. Assessment of changes in technical systems and their effects on cost and duration based on structural complexity [J]. Procedia Cirp，2016(55)：35-40.

[80] Da Luz L M, De Francisco A C, Piekarski C M，et al. Integrating life cycle assessment in the product development process：A methodological approach [J]. Journal of Cleaner Production，2018(193)：28-42.

[81] Li W L，Moon Y B. Modeling and managing engineering changes in a complex product development process[J]. International Journal of Advanced Manufacturing Technology，2012，63(9-12)：863-874.

[82] Reddi K R，Moon Y B. Simulation of new product development and engineering changes [J]. Industrial Management & Data Systems，2012，112(4)：520-540.

[83] Reddi K R，Moon Y B. Modelling engineering change management in a new product development supply chain [J]. International Journal of Production Research，2013，51(17)：5271-5291.

[84] Hamraz B, Caldwell N H M, Wynn D C，et al. Requirements-based development of an improved engineering change management method [J]. Journal of Engineering Design，2013，24(11)：765-793.

[85] Li Y L，Zhao W，Zhang J. Resource-constrained scheduling of design changes based on simulation of change propagation process in the complex engineering design [J]. Research in Engineering Design，2019，30(1)：21-40.

［86］Koh E C Y，Caldwell N H M，Clarkson P J. A method to assess the effects of engineering change propagation ［J］. Research in Engineering Design，2012，23(4)：329-351.

［87］杨青，吕杰峰. 基于 DSM 返工风险评价矩阵的项目优化与仿真 [J]. 系统工程理论与实践，2010，30(9)：1665-1671.

［88］Cook I，Coates G. Optimising the time-based design structure matrix using a divide and hybridise algorithm ［J］. Journal of Engineering Design，2016，27(4-6)：306-332.

［89］Dridi O，Krichen S，Guitouni A. A multiobjective hybrid ant colony optimization approach applied to the assignment and scheduling problem ［J］. International Transactions in Operational Research，2014，21(6)：935-953.

［90］于静，徐哲，李洪波. 带有活动重叠的资源受限项目调度问题建模与求解[J]. 系统工程理论与实践，2015(5)：1236-1245.

［91］Cheng H，Chu X N. Task assignment with multiskilled employees and multiple modes for product development projects ［J］. International Journal of Advanced Manufacturing Technology，2012，61(1)：391-403.

［92］李洪波，徐哲，于静. 基于 DSM 的研发项目流程多目标仿真优化[J]. 系统工程理论与实践，2015，35(1)：142-149.

［93］Meier C，Yassine A A，Browning T R，et al. Optimizing time-cost trade-offs in product development projects with a multi-objective evolutionary algorithm ［J］. Research in Engineering Design，2016，27(4)：1-20.

［94］Liu A J，Hu H S，Zhang X，et al. Novel two-phase approach for process optimization of customer collaborative design based on fuzzy-QFD and DSM [J]. IEEE Transactions on Engineering Management, 2017, 64(2): 193-207.

[95] Marques C M, Moniz S, De Sousa J P, et al. A simulation-optimization approach to integrate process design and planning decisions under technical and market uncertainties: A case from the chemical-pharmaceutical industry [J]. Computers & Chemical Engineering, 2017(106): 796-813.

[96] Hartmann S, Briskorn D. A survey of variants and extensions of the resource-constrained project scheduling problem [J]. European Journal of Operational Research, 2010, 207(1): 1-14.

[97] Li Y, Coit D. Priority rules-based algorithmic design on two-sided assembly line balancing [J]. Production Engineering, 2018, 12(1): 95-108.

[98] Browning T R, Yassine A A. Resource-constrained multi-project scheduling: Priority rule performance revisited [J]. International Journal of Production Economics, 2010, 126(2): 212-228.

[99] Browning T R, Yassine A A. Managing a portfolio of product development projects under resource constraints [J]. Decision Sciences, 2016, 47(2): 333-372.

[100] Wang X M, Chen Q X, Mao N, et al. Proactive approach for stochastic RCMPSP based on multi-priority rule combinations [J]. International Journal of Production Research, 2015, 53(4): 1098-1110.

[101] Chen Z, Demeulemeester E, Bai S J, et al. Efficient priority rules for the stochastic resource-constrained project scheduling

problem [J]. European Journal of Operational Research, 2018, 270(3): 957-967.

[102] Dixit V, Verma P, Raj P, et al. Resource and time criticality based block spatial scheduling in a shipyard under uncertainty [J]. International Journal of Production Research, 2018, 56(22): 6993-7007.

[103] Öner - Közen M, Minner S. Impact of priority sequencing decisions on on - time probability and expected tardiness of orders in make-to-order production systems with external due-dates [J]. European Journal of Operational Research, 2017, 263(2): 524-539.

[104] Chand S, Huynh Q, Singh H, et al. On the use of genetic programming to evolve priority rules for resource constrained project scheduling problems [J]. Information Sciences, 2018 (432): 146-163.

[105] Viana A, Sousa J P D. Using metaheuristics in multiobjective resource constrained project scheduling [J]. European Journal of Operational Research, 2000, 120(2): 359-374.

[106] Berthaut F, Pellerin R, Perrier N, et al. Time-cost trade-offs in resource - constraint project scheduling problems with overlapping modes [J]. International Journal of Project Organisation and Management, 2014, 6(3): 215-236.

[107] Creemers S. Minimizing the expected makespan of a project with stochastic activity durations under resource constraints [J]. Journal of Scheduling, 2015, 18(3): 263-273.

[108] Bruni M E, Pugliese L D P, Beraldi P, et al. An adjustable

robust optimization model for the resource-constrained project scheduling problem with uncertain activity durations [J]. Omega，2017(71)：66-84.

[109] Dai W X，Wu W W，Yu B，et al. Success probability orientated optimization model for resource allocation of the technological innovation multi-project system [J]. Journal of Systems Engineering and Electronics，2016，27(6)：1227-1237.

[110] 杨善林，钟金宏. 复杂产品开发工程管理的动态决策理论与方法[J]. 中国工程科学，2012，14(12)：25-40.

[111] 程永波，陈洪转，杨秋，等. 基于 TCPN 复杂产品设计任务资源调度及应用研究[J]. 系统工程理论与实践，2019，39(6)：1591-1601.

[112] Qi J J，Guo B，Lei H T，et al. Solving resource availability cost problem in project scheduling by pseudo particle swarm optimization [J]. Journal of Systems Engineering and Electronics，2014，25(1)：69-76.

[113] 程永波，宋露露，陈洪转，等. 复杂产品多主体协同创新最优资源整合策略[J]. 系统工程理论与实践，2016，36(11)：2867-2878.

[114] Leus R，Herroelen W. Stability and resource allocation in project planning [J]. IIE Transactions，2004，36(7)：667-682.

[115] 李英姿，张硕，张晓冬. 面向协同产品开发过程的多主体资源配置[J]. 计算机集成制造系统，2013，19(9)：2141-2147.

[116] Xiong J，Leus R，Yang Z Y，et al. Evolutionary multi-objective resource allocation and scheduling in the Chinese navigation satellite system project [J]. European Journal of

Operational Research, 2016, 251(2): 662-675.

[117] Si Y W, Chan V I, Dumas M, et al. A petri nets based generic genetic algorithm framework for resource optimization in business processes [J]. Simulation Modelling Practice and Theory, 2018(86): 72-101.

[118] Zhang W Y, Zhang S, Cai M, et al. A new manufacturing resource allocation method for supply chain optimization using extended genetic algorithm [J]. The International Journal of Advanced Manufacturing Technology, 2011(53): 1247-1260.

[119] Lin J T, Chiu C C. A hybrid particle swarm optimization with local search for stochastic resource allocation problem [J]. Journal of Intelligent Manufacturing, 2018, 29(3): 481-495.

[120] Shen X J, Guo Y N, Li A M. Cooperative coevolution with an improved resource allocation for large-scale multi-objective software project scheduling [J]. Applied Soft Computing, 2020(88): 1-20.

[121] Zhang L Y, Zhang X. Multi-objective team formation optimization for new product development [J]. Computers & Industrial Engineering, 2013, 64(3): 804-811.

[122] Beşikci U, Bilge Ü, Ulusoy G. Multi - mode resource constrained multi - project scheduling and resource portfolio problem [J]. European Journal of Operational Research, 2015, 240(1): 22-31.

[123] Yoshimura M, Fujimi Y, Izui K, et al. Decision - making support system for human resource allocation in product development projects [J]. International Journal of Production Research, 2006, 44(5): 831-848.

［124］Certa A, Enea M, Galante G, et al. Multi-objective human resources allocation in R&D projects planning ［J］. International Journal of Production Research，2009，47(13)：3503-3523.

［125］Raunak M S, Osterweil L J. Resource management for complex, dynamic environments ［J］. IEEE Transactions on Software Engineering，2013，39(3)：384-402.

［126］Yi Y, Li X X, Gu C Q. Hybrid particle swarm optimization for multiobjective resource allocation ［J］. Journal of Systems Engineering and Electronics，2008，19(5)：959-964.

［127］Liu C C, Xiang X, Zhang C R, et al. A column generation based distributed scheduling algorithm for multi‐mode resource constrained project scheduling problem ［J］. Computers & Industrial Engineering，2018,125(11)：258-278.

［128］Kangaspunta J, Salo A. Expert judgments in the cost-effectiveness analysis of resource allocations：A case study in military planning ［J］. Or Spectrum，2014，36(1)：161-185.

［129］Guo S S, Du B G, Peng Z, et al. Manufacturing resource combinatorial optimization for large complex equipment in group manufacturing：A cluster-based genetic algorithm ［J］. Mechatronics，2015(31)：101-115.

［130］Yaghoubi S, Noori S, Azaronbd A. Resource allocation in dynamic PERT networks with finite capacity ［J］. European Journal of Operational Research，2011，215(3)：670-678.

［131］Tao S, Dong Z S. Multi‐mode resource‐constrained project scheduling problem with alternative project structures ［J］. Computers & Industrial Engineering，2018,125(11)：333-347.

[132] Laslo Z，Goldberg A I. Resource allocation under uncertainty in a multi-project matrix environment：Is organizational conflict inevitable? [J]. International Journal of Project Management，2008，26(8)：773-788.

[133] Wang Y T，He Z W，Kerkhove L P，et al. On the performance of priority rules for the stochastic resource constrained multi-project scheduling problem ［J］. Computers & Industrial Engineering，2017,114(12)：223-234.

[134] Chakrabortty R K，Sarker R A，Essam D L. Resource constrained project scheduling with uncertain activity durations ［J］. Computers & Industrial Engineering，2017,112(10)：537-550.

[135] 黄敏镁. 基于演化博弈的供应链协同产品开发合作机制研究 ［J］. 中国管理科学，2010,18(6)：155-162.

[136] Dedehayir O，Nokelainen T，Maekinen S J. Disruptive innovations in complex product systems industries：A case study ［J］. Journal of Engineering and Technology Management，2014 (33)：174-192.

[137] Naghizadeh M，Manteghi M，Ranga M，et al. Managing integration in complex product systems：The experience of the IR-150 aircraft design program [J]. Technological Forecasting and Social Change，2017(122)：253-261.

[138] 包北方，杨育，李斐，等. 产品定制协同开发任务分解模型[J]. 计算机集成制造系统，2014，20(7)：1537-1545.

[139] 易树平，谭明智，郭宗林，等. 云制造服务平台中的研制任务分解模式优化[J]. 计算机集成制造系统，2015，21(8)：2201-2210.

[140] Liu W J，Ji J，Yang Y M，et al. Capability-based design task

decomposition in heavy military vehicle collaborative development process [J]. Procedia CIRP, 2018(70): 13-18.

[141] Braha D, Bar-Yam Y. The statistical mechanics of complex product development: Empirical and analytical results [J]. Management Science, 2007, 53(7): 1127-1145.

[142] 杨青，刘志林，唐尔玲. 基于 DSM 和 QFD 分析功能变更对研发项目的影响[J]. 管理评论，2015，27(4)：57-65.

[143] Wynn D C, Clarkson P J. Process models in design and development [J]. Research in Engineering Design, 2018, 29(3): 161-202.

[144] Yassine A, Dan B. Complex concurrent engineering and the design structure matrix method [J]. Concurrent Engineering, 2003, 11(3): 165-176.

[145] Eppinger S D, Whitney D E, Smith R P, et al. A model-based method for organizing tasks in product development [J]. Research in Engineering Design, 1994, 6(1): 1-13.

[146] Browning T R. Planning, tracking, and reducing a complex project's value at risk [J]. Project Management Journal, 2019, 50(1): 71-85.

[147] Zhang X L, Tan Y J, Yang Z W. Analysis of impact of requirement change on product development progress based on system dynamics [J]. IEEE Access, 2021 (9): 445-457.

[148] 冯良清，黄大莉，何桢,等. 复杂产品研制项目的流程模块化分析方法[J]. 工业工程，2018，21(3)：1-10.

[149] Simpeh E K, Ndihokubwayo R, Love P E D, et al. A rework probability model: A quantitative assessment of rework

occurrence in construction projects［J］. International Journal of Construction Management，2015，15(2)：109-116.

［150］Zhang D，Bhuiyan N. A study of the evolution of uncertainty in product development as a basis for overlapping［J］. IEEE Transactions on Engineering Management，2014，62(1)：39-50.

［151］Sinha K，Han S，Suh E S. Design structure matrix-based modularization approach for complex systems with multiple design constraints［J］. Systems Engineering，2020，23(2)：211-220.

［152］张西林，谭跃进，杨志伟. 多重不确定因素影响下的高端装备研制任务流程优化［J］. 系统工程理论与实践，2019，39(3)：725-734.

［153］周志杰，刘涛源，李方志，等. 一种基于证据推理的装备保障资源评估方法［J］. 控制与决策，2018，33(6)：1048-1054.

［154］Zhou Zhijie，Liu Taoyuan，Li Fangjie，et al. An evaluation method of equipment support resources based on evidential reasoning［J］. Control and Decision，2018，33(6)：1048-1054.

［155］Li B，Wang H W，Yang J B，et al. A belief-rule-based inference method for aggregate production planning under uncertainty［J］. International Journal of Production Research，2013，51(1)：83-105.

［156］Chin K S，Yang J B，Guo M，et al. An evidential-reasoning-interval-based method for new product design assessment［J］. IEEE Transactions on Engineering Management，2009，56(1)：142-156.

［157］田文迪，胡慕海，崔南方. 不确定性环境下鲁棒性项目调度研究综述［J］. 系统工程学报，2014，29(1)：135-144.

［158］Ramirez-Marquez J E，Sauser B J. System development planning via system maturity optimization ［J］. IEEE Transactions on Engineering Management，2009，56(3)：533-548.

［159］张延禄，杨乃定. 项目复杂性内涵、特征、类型及测度方法的研究综述[J]. 管理评论，2013，25(9)：133-141.

［160］Daniel P A, Daniel C. Complexity, uncertainty and mental models：From a paradigm of regulation to a paradigm of emergence in project management ［J］. International Journal of Project Management，2018，36(1)：184-197.

［161］Meier C, Browning T R, Yassine A A, et al. The cost of speed：work policies for crashing and overlapping in product development projects ［J］. IEEE Transactions on Engineering Management，2015，62(2)：237-255.

［162］闫旭，宋太亮，曹军海，等. 面向任务流程的装备体系完成任务概率仿真评估方法[J]. 系统工程与电子技术，2019，41(1)：86-93.

［163］Hoad K, Kunc M. Teaching system dynamics and discrete event simulation together：a case study ［J］. Journal of the Operational Research Society，2018，69(4)：517-527.

［164］Browning T R, Eppinger S D. Modeling impacts of process architecture on cost and schedule risk in product development ［J］. IEEE Transactions on Engineering Management，2002，49(4)：428-443.

［165］Garrett R K, Anderson S, Baron N T, et al. Managing the interstitials, a System of Systems framework suited for the Ballistic Missile Defense System ［J］. Systems Engineering，2011，14(1)：87-109.

［166］Mankins J C. Technology readiness assessments：A retrospective

［J］. Acta Astronautica, 2009, 65(9): 1216-1223.

［167］Mcconkie E, Mazzuchi T A, Sarkani S, et al. Mathematical properties of system readiness levels ［J］. Systems Engineering, 2013, 16(4): 391-400.

［168］Kim J, Wilemon D. Sources and assessment of complexity in NPD projects ［J］. R & D Management, 2010, 33(1): 15-30.

［169］Little T. Context-adaptive agility: Managing complexity and uncertainty ［J］. IEEE Software, 2005, 22(3): 28-35.

［170］Browning T R. Sources of schedule risk in complex system development ［J］. Systems Engineering, 1999, 2(3): 129-142.

［171］Atkinson R, Crawford L, Ward S. Fundamental uncertainties in projects and the scope of project management ［J］. International Journal of Project Management, 2006, 24(8): 687-698.

［172］Baccarini D. The concept of project complexity——a review ［J］. International Journal of Project Management, 1996, 14(4): 201-204.

［173］Abdelsalam H M, Rasmy M H, Mohamed H G. A simulation-based time reduction approach for resource constrained design structure matrix ［J］. International Journal of Modeling & Optimization, 2014, 4(1):51-55.

［174］Ayag Z. An integrated approach to evaluating conceptual design alternatives in a new product development environment ［J］. International Journal of Production Research, 2005, 43(4): 687-713.

［175］Yang L R. Implementation of project strategy to improve new product development performance [J]. International Journal of Project Management, 2012, 30(7): 760-770.

[176] Wu Z Y, Ming X G, He L N, et al. Product development-oriented knowledge service: Status review, framework, and solutions [J]. IEEE Access, 2020(8): 64442-64460.

[177] Tuli P, Shankar R. Collaborative and lean new product development approach: A case study in the automotive product design [J]. International Journal of Production Research, 2015, 53(8): 2457-2471.

[178] Hong Y, Wu T Y, Zeng X Y, et al. Knowledge-based open performance measurement system (KBO-PMS) for a garment product development process in big data environment [J]. IEEE Access, 2019(7): 129910-129929.

[179] Lyneis J M, Ford D N. System dynamics applied to project management: A survey, assessment, and directions for future research [J]. System Dynamics Review, 2007, 23(2-3): 157-189.

[180] Piccolo S A, Maier A M, Lehmann S, et al. Iterations as the result of social and technical factors: Empirical evidence from a large-scale design project [J]. Research in Engineering Design, 2019, 30(2): 251-270.

[181] Deb K, Jain H. An evolutionary many-objective optimization algorithm using reference-point based non-dominated sorting approach, part Ⅰ: Solving problems with box constraints [J]. IEEE Transactions on Evolutionary Computation, 2014, 18(4): 577-601.

[182] Jain H, Deb K. An evolutionary many-objective optimization

algorithm using reference-point based non-dominated，part Ⅱ：Handling constraints and extending to an adaptive approach [J]. IEEE Transactions on Evolutionary Computation，2014，18(4)：602-622.

[183] Tversky K A. Prospect theory：An analysis of decision under risk [J]. Econometrica，1979，47(2)：263-292.

[184] 刘云志，樊治平. 基于前景理论的具有指标期望的多指标决策方法[J]. 控制与决策，2015(1)：91-97.

[185] Abdellaoui M. Parameter-free elicitation of utility and probability weighting functions [J]. Management Science，2000，46(11)：1497-1512.

[186] Akpan，Edem O P. Priority rules in project scheduling：A case for random activity selection [J]. Production Planning & Control，2000，11(2)：165-170.

[187] Coello C A C，Pulido G T，Lechuga M S. Handling multiple objectives with particle swarm optimization [M]. IEEE Press，2004.

[188] Britto A，Pozo A. Using reference points to update the archive of MOPSO algorithms in ManyObjective Optimization [J]. Neurocomputing，2014，127(3)：78-87.

[189] Clerc M. The swarm and the queen：towards a deterministic and adaptive particle swarm optimization [C]. Proceedings of the IEEE Congress on Evolutionary Computation (CEC-1999)，1999：1951-1957.

[190] Figueiredo E M N，Ludermir T B，Bastos-Filho C J A. Many objective particle swarm optimization [J]. Information Sciences，2016(374)：115-134.

［191］Banks A，Vincent J，Anyakoha C. A review of particle swarm optimization. Part I：Background and development ［J］. Natural Computing，2007，6(4)：467-484.

［192］Banks A，Vincent J，Anyakoha C. A review of particle swarm optimization. Part II：Hybridisation，combinatorial，multicriteria and constrained optimization，and indicative applications ［J］. Natural Computing，2008，7(1)：109-124.

［193］Yin P Y，Wang J Y. A particle swarm optimization approach to the nonlinear resource allocation problem ［J］. Applied Mathematics and Computation，2006，183(1)：232-242.

［194］Gong Y J，Zhang J，Chung S H，et al. An efficient resource allocation scheme using particle swarm optimization ［J］. IEEE Transactions on Evolutionary Computation，2012，16(6)：801-816.